伊曼努尔·康德

我头上的星空和我心中的道德律

der bestirnte Himmel über mir und
das moralische Gesetz in mir

日耳曼
通识译丛

十九世纪哲学

从康德到尼采

〔德国〕君特·策勒（Günter Zöller）著
周烨楠 译

上海三联书店

致我的慕尼黑讲座的听众们：

……人们在教授时也在学习。

——塞涅卡《致鲁基里乌斯的道德书信》

第七篇第八条

目　录

前　言

……哲学也是这样，它是被把握在思想中的它的时代。

——黑格尔《法哲学原理》(1820)

本册旨在通过介绍13位哲学家及其重要思想，展示从康德到尼采这“漫长的”19世纪的哲学。全书着眼于所选择的哲学家对先进的现代性中人类变化的生活方式的独创性解读。所谓先进的现代性，就是指一个社会变革与精神变革的时代，它的特点一方面体现在传统纽带与规则的日益消解，另一方面体现在对新方向与秩序的急切追求。随着欧洲启蒙运动的展开，美国革命和法国大革命的爆发，生活环境的商业化和工业化程度的提高，19 世纪的哲学思考探讨了现代的个人在个别化和社会化之间的艰难处境，并以批判的眼光审视现代性的优劣。

法国大革命的口号——自由、平等、社会性（“博爱”）——也勾勒出对 18 世纪末至 19 世纪末的现代生活形式的哲学反思框架。尽管学说有别、方式存异，这一时代杰出的思想家还是联合在一起，研究自由的形式与功能、平等的前提与效应以及社会化的可能性与局限性。哲学家们特别关注自由、平等和社会三个核心概念之间的张力，它们似乎彼此需要而又相互限制。

本书所介绍 19 世纪哲学的曲折进程，以康德及德国观念论哲学家费希特、谢林和黑格尔在大学完成的系统性成果为发端。其中近代早期哲学在康德的成果中达到高潮，经由叔本华、克尔凯郭尔、费尔巴哈激进的继承和批判的沿袭，到对现代性的五种独创性阐释（马克思、托克维尔、梭罗、孔德、穆勒），以尼采对平庸的现代的另一种英雄概念而结束。13 位哲学家的介绍各自聚焦于其所处时代思想的一个基本概念，对该概念的独创性引论和权威性探讨可以追溯到相应的每一位哲学家。从哲学地位到 13 个基本概念，这一幅 19 世纪思想的人物与概念拼图呈现了一个时代以哲学手段领会、评判先进的现代性的努力。

2017 年春夏，我在两个地方进行了本册内容的计划与写作。这两个地方代表了在面对现代性的挑战时所表现出的拒绝姿态和先行角色的两个极端：威尼斯和纽约。本册内容建立于我在慕尼黑关于近代哲学史讲座的基础之上——谢林于 1827 年在慕尼黑大学就已将这个主题当作“哲学本身的导论”来看待。

第一章

理性哲学：伊曼努尔·康德

我的理性的全部兴趣（既包括理论的，也包括实践的）都集中在以下三个问题：

1. 我能够知道什么？

2. 我应该做什么？

3. 我可以希望什么？

——康德《纯粹理性批判》(1781)

伊曼努尔·康德（1724—1804）出身于哥尼斯堡的一个工匠家庭，在东普鲁士任大学讲师，看上去过着平淡无奇的生活。直到他人生较晚的时候，他才在哥尼斯堡大学获得教授职位（1770）。再后来，他的主要著作《纯粹理性批判》（*Kritik der reinen Vernunft*，1781年初版，1787年第二次修订版）出版，彻底重建了整个哲学。接着，另两部“批判”——《实践理性批判》（*Kritik der praktischen Vernunft*，1788）和《判断力批判》（*Kritik der Urteilskraft*，1790），以及他理论哲学和实践哲学的奠基性著作《未来形而上学导论》（*Prolegomena zu einer jeden künftigen Metaphysik*，1783）和《道德形而上学的奠基》（*Grundlegung zur Metaphysik der Sitten*，1785）也相继问世。

与这些具有革命性的、体量庞大的著作同时出现的，康德还有一系列通俗作品发表或出版，以批判的姿态面向更广泛的公众，如《问答：何谓启蒙？》（*Beantwortung der Frage: Was ist Aufklärung?*，1784）、《论永久和平》（*Zum ewigen Frieden*，1795）。康德的晚期作品主要以理性批判的精神探讨宗教哲学与道德哲学，如《单纯理性限度内的宗教》（*Die Religion innerhalb der bloßen Vernunft*，1793）、《道德形而上学》（*Die Metaphysik der Sitten*，1797）。直至晚年，康德都在尝试对整个批判哲学做系统性整合。实际上，他与自己思想的直接继承人——包括费希特和谢林——同时做着类似的努力，但他最终也没能完成这项工程，相关思考被整理为“遗著”（*Opus Postumum*，约1796—1801）。

康德意图对理性做一全面的批判，这是他哲学工作的重点。他通常将理性理解为获取对事物本质的实质性洞察能力，它仅仅借助于思维的方式（“先天的”，a priori），而全然不依赖于感官的经验（“后天的”，a posteriori）。在康德之前，这种所谓可能的理性知识的经典对象属于传统哲学的核心内容（“形而上学”，Metaphysik），包括上帝（“理性神学”，rationale Theologie）、灵魂（“理性心理学”，rationale Psychologie）、世界总体（“理性宇宙论”，rationale Kosmologie）以及存在自身和存在如是①（“存在论”，Ontologie）。

康德受到了一切知识都归因于感官知觉的观点启发，这一观点出自英格兰和苏格兰的主要启蒙哲学家洛克和休谟，以及随启蒙哲学出现的针对一切纯粹理性哲学或形而上学怀疑论的主要抱持者。而康德本身的思想背景是理性主义的，与形而上学密切相关，这源于承继

① das Sein als solches，意为就像这样的存在，有译作“存在状态”，但这更偏于解释而非翻译，且将 als solches 释作“状态”事实上缩小了其意涵。此译作“存在如是”，是为在尽量贴近原词所指的同时，亦与前“存在自身”保持构词相近，而避免“作为存在的存在”之类虽属直译但绕口、费解的表述。——译注

自莱布尼茨的德国学院派哲学。康德对作为思维能力的理性进行了一次根本性的审察，以探明理性之所能（“可能性与限度”，Möglichkeiten und Grenzen）。经深思苦索，康德最终得出结论：获得一种普遍必然有效性超越一切可能经验的知识（“先天综合判断”，synthetische Urteile a priori）原则上是可能的（这与洛克和休谟观点相反），而且获得这种知识是有实质依据的。不过康德认为，这种知识不包含任何对形而上学意义的超级事物的把握（与莱布尼茨相反），而总是只与经验对象相关，尽管经验对象就其自身的属性而言，并非仅仅通过经验就可得到探明。

康德认为，这种对经验事物的非经验性知识，其典型例证就是因果律。根据因果律，经验对象的一切变化都是按照普遍规则且伴随着严格的必然性而发生的。因果律虽然适用于经验对象，却并非通过单纯的对象经验就能得以确立。此外，康德指出，因果律必然而普遍地适用于各种经验对象（“可能经验的对象”，Gegenstände möglicher Erfahrung），而且只能适用于这类对象。而除了经验性地被给予或可给予的对象之外，关于其他一切符合因果律的知识（例如传统的上帝存在证明声称，神的本质是万事万物的第一因）在原则上是绝无可能的。

传统哲学主张对一切事物拥有理性认知，但康德以理性自身的方式从根本上否定了这一主张，在其同时代传统哲学拥趸的眼中，他就是历史悠久的西方形而上学的毁灭者（“碾碎一切的人”，Alleszermalmer）。海因里希·海涅回顾康德对已确立的上帝存在证明的彻底驳斥时，不无挑衅地将他与血腥的革命恐怖主义者罗伯斯庇尔相提并论。

康德掀起的这场革命始于知识问题，尤其是始于关于对象客观有效性的知识的主张，这种知识具有普遍性质，不以个别经验为基础，而是包含了最具普遍性的对象知识。关于这种不依赖于经验的纯粹知识，康德其实并不怀疑它在原则上的可能性。他发现这一可能性事实上在古代数学（欧几里得几何学）和现代自然科学（牛顿物理学）的科学成果中就得到了实现。不过，他感兴趣的是数学—自然科学知识类型成功的奥秘，尤其是这种知识类型能否向其他所谓的知识领域（特别是其中有关所有事物的哲学知识）转移的问题。

为证明在普遍、必然的情况下，对象知识不依赖于经验因而有效时，知识与对象根本上相一致，康德倾向于一个后来特别得到证明的假设（“假说”，Hypothese），即这种（数学和自然科学的）知识的对象并非像此前所设想的那样，取决于从外部预先给予它们的对象。相反，根据康德的另一个观点，对象反而取决于作为基础的一切认识之首要形式条件。由此，知识与对象之间具有严格必然性和普遍性的一致性得到了澄清：知识——确切地说，关于对象的一般知识——制约着它自己的对象，至少在原则上和形式上如此，这就是以这种方式被构建的对象不依赖经验也能够被认识的原因。

就非经验性对象知识的运作方式，尤其是在纯粹数学与纯粹自然科学领域中的运作方式，康德将自己所进行的智性革命（“思考方式的转变”，Umänderung der Denkungsart）与哥白尼的理论天文学转向做对比。通过这一转向，太阳升起等天文现象不再归因于天体自身的运动，而只是相对于主观上静止的观测者位置的运动。在理解知识与对象的关系上，至少在如何理解无关经验、非经验性的对象知识上的哥白尼转向基于这样一种哲学洞察，即似乎已然预先被给予的知识对象是由认识的基本形式提前决定的。哲学认识论中康德革命的根本成果就在于对象间的明确分割，比如诸对象可能按照一切对象知识之基本形式而呈现（“显象”，Erscheinungen）；比如诸对象或许独立于这种为其自身的知识条件而存在，因而也不被认识甚至不可被认识（“物自体”，

Dinge an sich)。

对于对象性认识的先在形式，康德详细区分了两类形式条件：一是在形式条件下，主要由感官给出对象（空间和时间）；二是借助于形式条件，此前由感官给出的对象经由理智被思考（“范畴”，Kategorien，包括因果性）。对于康德而言，对对象的认知指涉总是直接发生在感官的、被动呈现的空间和时间形式条件下，而且总是面向个别（“直观”，Anschauung）。相反，通过智识的、主动被提供的形式条件而对对象的认识上的指涉总是间接的，并成为一种普遍性（“概念”，Begriff），即以前所直观到的个别对象与其他此类对象共有的东西。

按照康德最初的观点，关于对象的有效知识需要两种明确的认识形式的共同作用。没有感官上相联系的直观，概念性思考就缺乏内容而徒有形式（“空”，leer）；没有通过理智而在概念上得以实现的进一步规定，感官直观就缺少一个被其区分开来并被认作如此的对象（“盲”，blind）。因此，康德关于对象性认识的可能性与限度之批判理论的重点在于，（纯粹）直观和（纯粹）概念彼此不可或缺，互为条件，两者既相互补充，又彼此限制。

在康德的原则性观点中，并非仅仅某些直观和某些概念彼此依存而又仅仅共同作用。独立于一切个别经验并在每一种经验中总是被提前决定（“先验”，transzendental）的纯粹感官直观和纯粹理智概念构成了一个源始的运行统一体，它以经验及其对象为必要条件并使之得以实现（“经验的可能性”）。纯粹直观形式和纯粹概念形式反过来又通过这种运行要求证明它对关乎对象的经验的实现。

对象性知识，包括数学—自然科学知识，无一遗漏地拓展到经验的一切对象（“经验实在论”，empirischer Realismus），这最初是由康德奠基的，而其代价是将此种知识原则上限制于感官上可获得经验的对象（“显象”）。对独立于认识过程中的认知条件而自身存在的物体，不可能有此种知识（“先验观念论”）。不过，起先看起来损失和减少的东西，即可认识对象从所谓绝对客体（“本体”，Noumena）减损至其知识形式的显象（“现象”，Phaenomena），在康德哲学的整体视角中被证明是有增益的。

将对象性知识限制在单纯显象内，康德为自由的人类意愿和行动构造了一个超越现象现实性及其数学—自然科学规范性的空间，该意愿和行动因而受到其他独立的规则制约。康德将涉及对象的理论知识限制在自然的世界（“感官世界”），而将涉及行为的实践知识拓展至道德的世界（“道德世界”），这可谓平衡。在康德戏剧性的表达方式中，只有当自然法则，特别是自然的因果规律，不被视作对物体来说是根本和一般的，而被视作关于物体的认知构造的显象，人类意愿和行动中的自由才能被“拯救”。

在《纯粹理性批判》的框架下，独立于自然法则而完全自由的意愿和行动（“先验自由”，transzendentale Freiheit），首先得到了普遍确认的可能性，在康德批判性道德哲学尤其是《实践理性批判》中被当作现实的而给出。就此，康德将无条件的道德义务意识视作以负责任的意愿和行动为前提的自由的可靠呈现，正如它在良知现象中所表现的那样，符合“应为蕴含能为”原则（Sollen impliziert Können，即“道德自由”，moralische Freiheit）。

但在康德批判性的哲学中，道德自由并不意味着受自然法则规定的自由（“消极自由”，negative Freiheit），也不意味着仅按自身愿望的意愿和行动（“自由的任意”，freie Willkür）。在康德看来，后者甚至被怀疑是靠一种自身心理上而非生理上的自然法则驱动的（“倾向”，Neigungen），就此而言仍是不自由的。其实，根据康德的观点，有显著道德意义的自由在于有意志禀赋和有行为能力的存在者的特征，在于受制于法则的作为和舍弃（Tun und Lassen），这些法则不是由一个外部的或内部的自然预先给予的，而是源于意愿自身，意愿自身给自己以法则（“自律”，Autonomie）。

在康德看来，道德自我立法的来源是理性，而且不是源自服务于对象知识的作为理论理性的理解力，而是源于作为实践理性的理解力，实践理性能够出于理性原因（而非出于心理—生理原因）决定意愿和行动。在康德看来，对道德意愿和行动尤为特别的理性形式在于如是的法则形式（“立法性”,Gesetzlichkeit;“合法则性”，Gesetzmäßigkeit）：某人个人的行为准则及理性形式符合普遍的合法则性，就是道德上有根据的或在纯粹理性上合理的。对康德而言，道德要求，即自己的行为原则服从于如是立法性形式（“可能的普遍立法”，mögliche allgemeine Gesetzgebung），是一种无条件的理性律令（“定言命令”，kategorischer Imperativ）。基本法则（“道德法则”，Sittengesetz）不是具有特定内容的特别规则，而是实践—理性行动总体的法则形式。

具体应用到个人及其行为意图，道德行动的理性律令规定行动不但要面向自己的目标和目的，而且要始终关照到直接或间接、潜在或实际受该行为（或不作为）影响的其他同类存在者。人不是随心所欲，而是顾及所有其他人，为其他所有人着想而行动，这就是有道德的行动。普遍立法性的理性形式提供了一种行事手段，以决定个人行动在道德上所要求的整体社会的评判。

作为理论理性批判的《纯粹理性批判》将有根据的、真正的对象性知识，与无根据的、错误的对象性知识分开;《实践理性批判》则将不道德的、只顾自己的盘算与谋求，同道德的、理性的、普遍的意愿和行动分隔开来。对判断理性批判的第三批判（特别是其中的第一部分“审美判断力的批判”），其内容则是一种类似的区分：区分了关于对合意对象的愉悦仅在私人层面有效的判断与某种判断类型（“鉴赏判断”，Geschmacksurteil），这种判断类型将关于物体身上的美或崇高的审美判断与要求其他人同意这种评价联系在一起。康德认为，要求对美或崇高的对象有共同的愉悦，前提是有一个虽不确定但普遍适用的审美愉悦之规范（“审美共通感”，ästhetischer Gemeinsinn）。

在将此前批判地创立的道德哲学发展为一个全面的系统，以论述理性所提供关于意愿和行动的法则时，康德介绍了一种更重要的区分。他区分了外部施加的法则和绝对准则，前者让同样自由的行为者能够相容共存（“法权”，Recht），后者则要求主观的行为准则适于普遍的道德立法（“伦理”，Ethik）。在法权中（包括通过政治实施的法权），关注的仅仅是行动与法则的一致性（“合法性”，Legalität）；而在伦理中，遵守法则时的想法也被纳入考察之中。对康德而言，理性要求的法权和政治目标，是法权和法则在单个国家层面上的统治（“共和制政府形态”，republikanische Regierungsart），并在此基础上开启国家间和超国家的和平秩序（“国家联盟”，Staatenbund）。在伦理方面，康德实践理性的批判体系承认有双重目标，即完善自身伦理相关的认知和思维能力（“自身的完满”，eigene Vollkommenheit），以及促进他人的成功生活（“他者的幸福”，fremde Glückseligkeit）。

第二章
自由哲学：约翰·戈特利布·费希特

人选择什么样的哲学，取决于这个人是什么样的人。因为一个哲学体系不是一件僵死的家庭财产，任人随心所欲地丢弃或取用，而是因这个人拥有的灵魂而富有生气。

——费希特《重新表述知识学的尝试》(1797/1798)

约翰·戈特利布·费希特（1762—1814）出生在上卢萨蒂亚极其贫困的环境之中，他的生活和工作都受到了其所处时代政治事件的影响，其中包括法国大革命到拿破仑帝国再到反对拿破仑统治欧洲的政治、军事起义。他在哲学讲座、大众讲座及著作中对这些事件做了分析和批判。他出版的第一部书《试评一切天启》（*Versuch einer Kritik aller Offenbarung*，1792）起初被误认为是康德的作品，此后他的职业生涯如流星般转瞬即逝，鼎盛期是在耶拿大学任教授时期（1794—1799）。随着他所谓的无神论引发了一场公开争论之后，费希特就此失去了学术职务，职业生涯宣告结束。

接下来的十年中，费希特在大部分时间里以私人学者的身份待在柏林，定期自行组织讲座活动，其中就有对他所处时代精神状况的批判性分析（《现时代的根本特点》，*Die Grundzüge des gegenwärtigen Zeitalters*，1804/1805；《对德意志民族的讲演》，*Reden an die deutsche Nation*，1807/1808）。受聘到新成立的柏林大学后，费希特又执教了四年（1810—1814），但没有恢复早期教学活动的影响和效应。他的大部分哲学著作在其死后才为人所知并受到重视。费希特的听众，在耶拿有荷尔德林和诺瓦利斯，在柏林有叔本华。他的著作对弗里德里希·施莱格尔周围的早期浪漫主义者影响尤大。

费希特早期在演讲和著作中论述自己的思想时，用“知识学”（Wissenschaftslehre）的表述替代了传统术语

"哲学"（词义为"爱智慧"）。这一方面是继康德之后再次提出哲学作为一门科学的主张，另一方面也体现了哲学在传授知识时排除了智慧，智慧实际上是不能被传授的，但个别的人应该在哲学知识的基础上为自己争取和获得智慧。贯穿在费希特哲学讨论中的特点是，他将严格的论证（应在独立思考中得到领会）与强烈呼吁在个人生活中实施被传授的见解联系起来。

费希特自视为康德真正的继承者、延续者和完善者，其哲学讨论的中心跟康德一样，都是自由。费希特也延续了康德的策略，即通过证明自然及自然法则在适用范围原则上是有限的，从而为自由及其法则的范围（道德世界，包括法权和伦理领域乃至政治和历史领域）提供空间。不过在康德那里，自然的法则秩序与自由的法则秩序是彼此严格分开而并行的（"自然体系"，System der Natur；"自由体系"，System der Freiheit）；而与康德不同的是，费希特从一开始就寻求，把在康德那里分开的两个体系整合为单个自然而又自由的体系，这个体系在费希特这里被完全置于自由名下。在费希特看来，尽管自然表面上独立且看起来为自身立法，但终究不过是按照自身准则和法则在世界上实现自由意愿和行动的领域（"我们义务的实在"，das Materiale unserer Pflicht）。

因此对这一创新来说，费希特也将知识学描述为“第一自由体系”。

自由在费希特那里同时充当在知识方面雄心勃勃的哲学（“知识学”）的第一基础、主要对象和最终目标，跟康德的观点比起来，它变得更形式化、更不确定了。对费希特而言，自由除了其消极意义，即作为与一切样式的不独立的相对自由，就是自动性（“自发性”，Spontaneität）和自主性（“独立性”，Unabhängigkeit），它们都应该如是并为其自身而奋斗。康德那边由实践理性自身给出的法则（“自律”），在费希特这里被形式戒律取代，以至于为了自由而意愿自由、笼统地意愿自由，然后针对性地获取自由。按照费希特的观点，不依赖于任何事物、任何他人，完全出于自身并因此在对自己纯粹的认同中生存的人，才是真正自由的。

不过费希特立即认可了这种绝对自由的纯理想化特征，这种绝对自由不是提出一个有朝一日可实现的目标，而应该引导和激励无限接近这个目标。与此相应，费希特哲学的中心是作为自由存在者的人的生存之融合、共处、对立，而人的生存总是要努力争取、永无止境，而有朝一日得以实现、抵达终点的。在费希特看来，由自由所塑造的人类本质实质上在于意愿和行动。不过，活动不应盲目、任意地进行，而应该按照理性并基于理性知识进行，理性知识在此即实践知识。

费希特将知识的实践导向了进一步的极端化，实践内容优先于理论内容。费希特认为，一切知识，包括关于事物本质的表面上纯理论化的知识，终究都服务于意愿和行动的发端、发展。在费希特那里，实践内容的优先性又反过来将特定的实践要素（“冲动”，Trieb ；“追求”，Streben;“渴望”，Sehnen）引入知识本身的构造中，也将理论认识纳入其中。对费希特而言，知识而非意愿已经是活动了，而且原则上是自由的活动，从内部自发地产生，即使它表面上受外部影响或者是由外部引起的。

受外部环境的推动，以及受到知识（包括哲学知识在内）的基本特征是有活力和活动着的这一信念的影响，费希特一次又一次重新表述他的哲学，每次都不同。在关于知识学的 20 年（1794—1814）工作中，费希特有不少于 16 篇内容丰富的知识学论述被保存下来。他本人仅以书籍形式发表了这些论述的最初版本和后期的一个概述（1794/1795，1810）。其他论述全都出自他的讲座，并作为原始讲座手稿或别人的讲座记录保留下来，现在全都已经出版。费希特在早期和晚期都对狭义的知识学做了补充，将其应用于法权领域（“法权论”，

Rechtslehre）和道德领域（“道德论”，Sittenlehre）。此外，他还对知识学本身及其在宗教、历史和政治上的应用做了通俗介绍。

鉴于费希特哲学的外在表述有很多变化，他本人强调，知识学作为知识本质的哲学理论，及建立在知识基础上的意愿和行动的哲学理论，其基本特征始终未发生变化。用音乐术语来讲，它是一套雄伟的组曲，包含着关于恒定主题的一系列各具特色的变奏。在此可以看出，费希特在 20 年里屡次明智而熟练地调整对知识学的介绍，以适应彼时哲学不断变化的话语环境。他的战略性目标是在面临哲学的不断发展尤其是谢林及此后黑格尔的哲学发展时，确保知识学的时效性。

费希特的知识学工作的第一个阶段（1794—1799）正好是他在耶拿大学任教授时，直接的背景是同时代对康德所谓哲学的形式与功能的辩论。在这一阶段，费希特将其极端化了的自由概念所期望的意愿和行动自动性、自主性，与被普遍持有的知识、意愿和行动的载体相结合，并将这一载体诉诸第一人称单数的人称代词，称作“自我”（das Ich）。不过在费希特那里，以这种方式命名和概括的自我并非同类中的个别自我，而是一个普遍的、超个体的自我原则（“绝对自我”，absolutes

Ich)。只有进一步发展和提升才会给自我带来个性和人格的明显特征，首先包括对象意识和自我意识。

按照费希特叙述结构中的表述，从无止境的、非本真的自我到最终的、本真的自我，这一过程（或确切地说这一进步）的条件是绝对、普遍的自我与限界和限制之现象的原初相遇（“碰撞”，Anstoß)。但是不像康德将外部作用归因于所谓独立存在而难以理解的物体(“物自体”)，费希特将外来影响中立化，最小化为相对于自我的抽象他人（“非我”，Nicht-Ich)。此外，这个抽象他人基于对抗的原始经验，首先从自我自身形成(“设置”)。

在自我和非我的对抗局面中，早期的费希特还对两种基本关系做了初步区分：在理论的知识关系中，自我由非我确定，或者被理解为是被如此确定的；在实践的知识关系中，自我确定非我。在知识学论述首次修改为《知识学新方法》(*Wissenschaftslehre Nova Methodo*, 1796—1799) 之后，用不那么复杂的方式来说，理论知识规定“是什么”(“对象”)，实践知识规定并且实现“应该是什么”(“目的”)。于是理论知识和实践知识以这样的方式彼此联系，即按照待实现目的的实践知识，被认识的对象为行动提供基础。反过来，通过由实践知识指导的行动，世界及关于世界的理论知识针对性地发生了改变。在费希特的介绍中，感官世界和道德世界就这样互相渗透，在融合了自由及其法则的自然概念中汇合。

费希特在实践内容优先的情况下想要实现自然与自由的整合，并非仅仅涉及按感官世界和道德世界区分的对象层面或客体。在自身或主体方面，费希特也寻求对思维内容和材料进行系统的汇集。他为此提出论证，即以我们所熟悉的方式展开的精神生活（“意识”“自我意识”）只能在存在者中得以实现，他们被独自构造并配有身体（“躯体”），借助身体首先理解世界，而后再对世界产生影响。最重要的是，费希特指出，这种身体被构造出的、被赋予理性和意志的存在者，没有一个能够单独、孤立地进行认识和行动。相反，费希特认为，这种存在者需要教育上的相互作用，借由这种相互作用，一个个体在自己理性的自由运用中，介绍了另一个个体（“召唤”，Aufforderung）。其结果便是，在这样的交流中，自由理性的诸多个体彼此视作（“承认”，Anerkennung）如此这般，从而形成一个彼此平等的协会（“自由共同体”，freie Gemeinschaft）。

费希特进一步认为，为了保证同样自由的诸个体之间始终一致的相互承认，还需要法权制度及其在政治、经济领域的应用。对费希特而言，在根本上平等的诸个体，拥有原则上可能并且在理性上有根据的尊重，法权的作用就是使这种尊重持久而可靠。费希特着重强调，作为法治国家（“法权国家”，Staat des Rechts）而创建的法治—政治共同体被赋予了这样一项任务，即以契约方式来规范自然被赋予的自由领域，这一自由领域属于每一个个别的人以及与其共处法治共同体中的所有人。费希特将法权中的相关自由形式理解为不受阻碍的活动的外部自由，只要他人的同等自由没有因此受到单方面的过分限制。

除了法治—政治领域，费希特在道德或伦理范围内还设立了另一种自由和另一种模式的“道德论”，即道德或伦理以行为背后的想法（“意念”，Gesinnung；“良知”，Gewissen）来调整行为。对费希特而言，道德的对象不是通过法权和法则对普遍的外部选择自由的实现或保证，而是对行为自由自决的选择，这些行为使完全自决的生存者接近个别的、逐步在理性上被预先给予的长远目标。对费希特而言，伦理—道德上的自我完善，首先要针对性地寻求感官—身体上的驱动（“自然冲动”，Naturtrieb）和道德取向（“纯粹冲动”，reiner

Trieb）之间的对应。费希特认为道德行动在于受良知的引导而做出选择，并将这些自然地被预先给予的冲动目标纳入在理性上有依据的行为范围，这些行为使自决的生存者无止境但稳定地接近理想（“道德冲动”，sittlicher Trieb；“混合冲动”，gemischter Trieb）。

费希特认为，感官—道德上被整合的行动所必需的自由，一方面能够在假定的消极自由中远离各种冲动，也包括纯粹道德的冲动（“形式自由”，formale Freiheit）。这就把选择自由的要素带入了一切行动，包括道德意义上的作为和舍弃。另一方面，道德内容中的自由就是纯自决中有待争取的积极自由。另外，这种自由是为其自身而争取的（“实质自由”，materiale Freiheit）。摆脱冲动制约的形式自由为使行动向不同的行为开放，实质自由则为全然理性的认同带来了道德上自我实现的日益规范，而基于此，所有人终应平等地行动——理性地以同样的方式，也同样地以理性的方式。费希特有一个关于道德自由的观点，它将自由限制于由理性规定、道德许可的自决，与此相对，他还有一个几乎算得上自由主义的法治自由观点，即将法治自由作为在政治—社会上受保护的个体选择自由。

费希特晚期对知识学的表述（1800—1814）及相关

的法权论和道德论的重新表述（1812）都有所变化。通过这种变化，费希特对自由之理解的双重意义愈加凸显。费希特很快补充了早期对自由作为知识和意愿的起源和目的的关注，以便将知识及意愿追溯到一个不可支配的有效性基础。虽然在早期，自我作为理性知识和意愿的绝对—自由的载体（“绝对的我”）是费希特的基础哲学论述的重点，但在晚年，费希特根据理性的构形，仅将自我视为必要的样式和方式，而知识及与之相应的意愿以这种样式和方式出现（“自我形式”，Ichform）。现在的重点在于如是的知识和意愿：费希特因其无条件有效（“确定性”，Gewissheit；“真理性”，Wahrheit），将其归为绝对特征（“绝对知识”，absolutes Wissen）。

后来，费希特转而将属于单独论述知识的绝对性（知识的有效性独立于偶然的主客观身心状况）冠之以传统的名称（“存在”，das Sein；“绝对者”，das Absolute；“上帝”，Gott）。费希特在此将知识理解为绝对—无条件内容的单个表现形式（“显象”，Erscheinung），显现的绝对者和绝对知识（“绝对显象”，absolute Erscheinung）相互促进，在功能上相互补充。但是，就像早期知识学以类似“自我”的表达呈现，却并不涉及偶然的个体自我，也没有结合心理学；晚期知识学援引神学术语也不意味着回到传统形而上学或神秘主义。早期和晚期的费希特都关注知识和由之产生的意愿的根本依据。费希特哲学探讨的核心及其所关切的点始终都是知识学。

但在另一个方面，费希特旨在针对性地、明确地超越他所从事的知识学工作。这很早就在他的哲学思考中露出了端倪，到了晚期尤为明显。按费希特的观点，这便是有待哲学在总体上完成从知识到实现、从意愿到行动的过渡。不过这一步实际上不是哲学的拓展（好像哲学需要进行完备或完善似的）；相反，哲学作为知识学，旨在从这一方向超越自身，以在自我压制甚至自我毁灭的矛盾过程中，得到除其自身之外的恰当实现。对于这种完全不同于哲学本身及哲学如是的实现（哲学论及它而不达到它，指涉它而不成为它），晚期的费希特更愿意用“生活”（Leben）来描述它的特点。

在费希特对哲学地位和功能的构想中，生活作为实际唯一的实现者，不仅是哲学外的目标，也是哲学的前哲学基础，此外还是一切知识的前哲学基础。为能够最终有效地对生活产生影响，哲学必须最初就来源于生活，因为在费希特看来，哲学被证明是生活的功能与工具。费希特自己曾用眼睛的比喻讲解了知识尤其是哲学知识对生活的贡献，即眼睛被用于一种自身盲目的活动中——生活。费希特倾向于用“形象”（Bild）这个词来描述被扩充为知识学的哲学乃至一切知识的内在关联性，它统合了物像、图像的意义，以及个人塑造和单纯复制的意义。在这一点上，对费希特而言，一切哲学虽然只是绝对者的**形象**，但同时也是**绝对者**的形象。

第三章
自然哲学：弗里德里希·威廉·约瑟夫·谢林

随着对外部世界的首次意识，对我自身的意识也出现在那里；反之，随着我的自我意识出现的第一时间，真实世界展现在我面前。对真实性的信念在我之外形成，并连同对我自身的信念一起增长。此信念与彼信念一样必要，两者——并非纯理论上地被分开，而是在其最完整、最紧密的协作中被分开——都是我的生活和我的整个活动的组成部分。

——谢林《自然哲学的观念》(1797)

弗里德里希·威廉·约瑟夫·谢林（1775—1854）出身于施瓦本的一个牧师家庭，在图宾根神学院接受神学—哲学教育（1790—1795），荷尔德林和黑格尔此时也在这里。谢林早年受费希特哲学的影响而独立出版了著作，所以在耶拿大学获得了教授席位（1798—1803），然后从 1803 年开始在巴伐利亚工作：先是在维尔茨堡任教授（1803—1806），接着在慕尼黑任美术学院秘书长（1807—1823），同时在埃尔兰根执教（1820—1826），后来又从兰茨胡特迁至慕尼黑的大学任教授（1827—1839）。谢林晚年接替了黑格尔在柏林的职务（1841）。年迈的谢林在柏林的听众包括克尔凯郭尔、巴枯宁和恩格斯。

谢林的哲学工作涵盖甚广，从早期为进一步发展费希特哲学做出的贡献［《论自我作为哲学原则》（*Vom Ich als Prinzip der Philosophie*），1795］，到他自己的哲学立场，包括自然哲学［《自然哲学体系初稿》（*Erster Entwurf zu einem System der Naturphilosophie*），1799］、绝对者哲学［《对我的哲学体系的阐述》（*Darstellung meines Systems der Philosophie*），1801］及其与宗教和神学关系的哲学［《哲学与宗教》（*Philosophie und Religion*），1804；《对人类自由本质的哲学研究》（*Philosophische Untersuchungen über das Wesen der menschlichen Freiheit*)，1809]，再到对历史哲学的拟稿[《世界时代》(*Die Weltalter*)，1811—1827]。谢林晚年在慕尼黑和柏林时也有大量作品，但尚未完全加以编辑，其中包括大量讲座材料，内容为对多神教和一神教之宗教传统的哲学解释[《神话哲学》(*Philosophie der Mythologie*)；《启示哲学》(*Philosophie der Offenbarung*)，两者均开始于1827年]。

费希特在对康德创造性的分析中，始终强调主体的构造性功能（"自我""知识""意志"），而谢林的思考从一开始就旨在将主体性的诸形式与功能归入一种全面的相互联系之中，它将主体与客体、理念与实在原初地联结起来。但谢林的意图并不是简单地否定康德和费希特的批判观念论。相反，谢林的思考始终在有针对性地为他的前辈补充有充分依据的基本方法，以对抗康德以来哲学取向中所呈现出的片面性。

康德和费希特将理性与自由的哲学同批判观念论结合起来，与之相比，谢林主张一种得到批判性构想的实在论，它将阐明一种在理性和知识之前的现实性维度。与源自主体性规定的现实性之观念论起源并行，谢林提出了一种实在论，这种实在论将进行规定的主体性基础定位在一个不可支配的、绝对的实在之中。这样一来，批判的观念论与非批判的实在论之间虚假的二选一——康德和费希特片面地支持了观念论——就被观念论和实在论之间真正的二选一取代了。

谢林对康德和费希特的观念论展开了实在论补充工作，其中心是自然的概念。康德及费希特认为，自然不是独立的东西，而是知识和行动所抵抗的对象，而知识和行动必须靠该对象运作。特别是在康德那里，“自然”指空间和时间中受法则规范的诸对象总和。被这样理解的自然基本包括了作为现代自然科学对象的物理意义的现实性。在费希特看来，自然是各种意愿和行动的活动领域。与他们相比，谢林追溯到一个很久远的自然概念，根据这个概念，自然首先不是客体，而是某物自身并自主活动的东西，因此也是主体。

谢林将这个不一样的、绝对的自然概念放在康德和费希特的对立面，它可以追溯到斯宾诺莎（1632—1677）。斯宾诺莎的哲学由于其所谓的无神论和宿命论，百年来遭受无视或毁谤，但 18 世纪末在德国经历了一次复兴（“泛神论之争”，Pantheismusstreit）。斯宾诺莎将作为完善结果和固定对象的纯粹的自然（“被自然产生的自然”，natura naturata）与一种源始—创造的自然（“创造自然的自然”，natura naturans）区别开来，他毫不犹豫地将后者与神视作同一种东西（“神或自然”，Deus sive natura）。被斯宾诺莎以这种方式神化的自然之神不是人格意义的个体化，而是宇宙意义的扩散。此外，斯宾诺莎将无数显象形式（“属性”，Attribute）归入自然全体，在这些显象形式中，唯有思维和广延才能为人所洞察。根据斯宾诺莎的观点，个别的物体和精神于此仅仅是绝对自然受限制的实存样式和实存方式(“模式”，Modi）。

谢林特意诉诸斯宾诺莎的自然构想，这是在他为哲学探讨形式而努力的大背景下展开的，以寻求调和观念论和实在论——简言之，即康德和斯宾诺莎。谢林坚信这两种看似截然相反的哲学探讨方式可以很好地相互补充、彼此完善。与斯宾诺莎和康德相比，谢林不像费希特那样涉及一种排他性的二选一和原则性的选择，而是关注和组合。这一方案预先规定，不仅将绝对者视作主体（“自我”），特别还像费希特那样，同时将其视作实体（“自然”“精神”）。后来黑格尔从谢林这里沿用了这个方案并加以发展。

早期的谢林将他创造性的自然哲学构想当作康德先验哲学和费希特知识学的并行项目加以发展，为此他采用了“自然哲学”这个名称。这个术语最初是指哲学中以自然为对象的部分——区别于以人的行动为对象的道德哲学（“道德论”）。但在谢林这里，这个古老的词汇仅表示另一种哲学思考，即不像康德和费希特那样从主体出发思考自然，而是试图从自然本身出发来把握自然，从而将主体理解为经过全面思考的自然的结果。

不过，早期谢林并没有完全放弃康德和费希特基于主体所发展出的哲学方法。相反，将精神以实在论方式还原至自然，应该通过反向的观念论方式将自然整合为精神来抵消和补偿。但是，谢林早期思想中就显露出一种倾向（这一倾向后来变得更加明确），即让原初的、创造性意义上的自然优先于主体及其规定。但谢林的这一发展伴随着自然概念及与其相关的自然哲学的意义拓展，逐渐抛开了自然与精神之间的对立。

谢林的这一维度让自然概念丰富起来，成为一个关于自然及精神发展空间的历史概念。首先，谢林将自然现象及其基本力量之总和描述为对立因素（“潜能阶次”，Potenzen）间相互提高的共同作用（“建构”，Konstruktion），以使自然在狭义上动态化。自然不再是一个静止的系统，而是复杂的、自我分化但也重新整合的有机体。接下来，谢林还把历史地形成的自然构想用在了精神领域，而精神在这方面被证明是进步的对象和载体。在谢林看来，精神的自然包括精神的上升发展，即关于世界与自身的个体及集体意识从原始到不断精细的修整（“自我意识的历史”，Geschichte des Selbstbewusstseins）。在以这种方式重构的精神的自然史中，科学、艺术和政治等集体文化成果也归属于精神。在这方面特别值得一提的是谢林对艺术的哲学能力评价，他认为艺术特别能够以清楚明白因而易于理解的方式呈现哲学的洞见。

在进一步发展自然哲学的思想过程中，谢林最终完成了对自然与精神的源始统一和隐秘同一的基本评价。他没有继续把这两个领域仅仅动态地彼此共同联系并让两者彼此产生（自然从精神产生，精神从自然产生），而是将它们追溯到一个同一的起源，这个起源应该先于它们的分化乃至一般所有的分化而存在。谢林为这个先在的、无条件的一切之起源冠以传统的名称“绝对者”，但他又立即明确指出，被如此称呼的绝对同一本身是不允许任何进一步规定的，而应被视作完全未被规定的、未被分化的东西（“绝对的无差别”，absolute Indifferenz）。

谢林最初试图根据构建和上升的自然哲学模式来把握从原始无差异到自然与精神明显的区分，包括两者各自进一步分化的过渡。不过很快地，他就采用了一种从绝对者到显象无根据的直接跳跃，取代了他所构想的受法则约束的从绝对者到多样化呈现（“显象”）的过渡。此外，他把该跳跃式过渡与损失和失败（“坠落”，Abfall）联系在一起。不理性的跃出（“深渊”，Abgrund）于是取代了受理性约束的次第关系（“根据”—“次序”，Grund–Folge）。从这个角度看，自然及精神同时是玄妙莫测的绝对的实现形式和衰颓形式。

谢林早期的哲学是关于一种创造一切的自然（“自然哲学”），将自然与精神的并行追溯到关于未分化的绝对者的大全一体论（Alleinheitslehre），后来变成了关于绝对同一的哲学（“同一哲学”，Identitätsphilosophie），与关于以自然与精神为基本构形而出现的绝对者的显象论结合起来。但同时，谢林特别保留了自然——包括精神世界——对万事万物的绝对基本的功能，尽管形式有所变化。在晚期，谢林使其对自然的原始理解继续有效的关键是他对存在者的实存与其实存根据的批判性区分。在此语境下，“根据”不是指某物因之而实存的根据（ratio），而是其实存的基础（fundamentum），这个基础不仅先于实存，还保留在实存中并作为某物实存的载体继续作用。

对晚期的谢林而言，任意样式的每一存在者的实存背后（或者确切地说：实存之下），上述的根据构成了该存在者的“自然”。对谢林而言，“自然”在这里也不单单指存在者固定不变的本质要始终如一。相反，谢林将自然理解为实际上尚独立于其实存的存在者，“挤入”实存的动态情状，存在者因此不会完全展开于实存中。用谢林拟人化的表达方式来说，此深层意义上的自然包括向前“挤入”实存（“冲动”），也包括向后导向根据，存在者发源于且常常属于此一根据（“渴望”，Sehnsucht）。

谢林严格区分了存在者的实存与该存在者的实存根据，使每一存在者中晦暗的根据与明亮的实存之间形成了张力：晦暗者追逐光明，明朗者反过来停憩在晦暗的根据之上（谢林喜欢用比喻表达）。因此谢林还认为，他能够在一切有限的存在者中，在其自身内在的起源（“根据”）中发现一种怀念的特征（“渴望”）。谢林甚至进一步把人格化的绝对者（“神”）纳入存在者根据和实存形式的动态之中（“神中的自然”，Natur in Gott）。

但最重要的是，谢林隐晦的自然概念，完全可以将自然与自由放在一起思考，而不是将它们对立起来，也可以将人所独有的自由（“人类自由”，menschliche Freiheit）追溯到它的存在者根据。为此，谢林将人置于宇宙学背景中，总体划分了单纯的、晦暗的自然（“冲动”）到有意识的、明朗的精神（“变型表达”，Verklärung）。他诉诸人的情况，将隐晦的自然理解为意志（“本原意志”，Urwille），将精神理解为智能（“理智”，Verstand）。对于神性存在者，谢林也做了这样一种区分，即在完美存在者中，意志和理智构造出一个普遍的统一体（“普全意志”，Universalwille）；而在有限的实存（“受造物”，Kreatur）中，意愿是由自我塑造的（“私己意志”，Eigenwille；“个体意志”，Partikularwille）。

谢林特别在人的身上找到了将受造物的私己意志转化为理性普遍意志的能力。在这一方面，谢林认为，人不是自然秩序的一部分，而是精神（“超越并脱离自然”，über und außer aller Natur）。但从人的自然根据出发，人仍然是以私己意志为特征的，私己意志必须通过理性的或普全意志的转化，得到克服。人类意志处于受造物的私己意志和理性的普全意志之间，在谢林看来，这构成了人类自由的本质，人类自由因此不在于任意的选择，而在于在单纯私己的行动与理性—普遍的行动之间二选一的基本能力（“善与恶的能力”，Vermögen des Guten und des Bösen）。

谢林跟康德一样，认为恶不单单是善的缺乏或减损，还是一种真正的实在性，并因此是某种现实的东西（“肯定者”，Positives）。尤其是恶——在造物中以普遍的形式存在，在人类中以特殊的形式存在——包含一个缺陷，即预定情况的反转（“肯定的颠倒”，positive Verkehrtheit）。恶的意志并没有因意志被赋予普遍性的理性形式而服从于理智，恶的意志仍是自身的，因而也是独立的。恶的意志摆脱了宇宙的进展过程，在谢林看来，这个过程就是单纯、盲目的意愿精神化为理性—普遍的意志。

将人类自由等同于人的双重道德能力——善的能力及恶的能力，在谢林看来，首先仅包含自由的可能性（“能力”，Vermögen）。其根据是，人不仅能够将自身的意志从属于中心的、普遍的意志，还能使其独立于离心的、个别的意志。此外，为阐明人身上恶的现实性，谢林再次援引了康德的观点。康德将恶溯及一种下降的、关乎品格的原始选择，它是先在的、超脱时间之外的（“智识的品格”，intelligibler Charakter），人的意愿因这一原始选择完全、彻底堕落了（“根本的恶”，das radikale Böse），因为相比于普遍的福利，它优先考虑自己的福利。

在谢林看来，善与恶之间的选择因此不是随意自由的（“任意”，Willkür）。他认为，人类自由并不涉及由内在根据或外在原因充分确定的个别行为（“决定论”，Determinismus）。相反，唯一可能的、真正自由的选择涉及原始行为(“永恒的行为”,ewige Tat)之下的善本身，这一原始行为超脱于时间之外，在于私己意志对普全意志的根本服从。于是，谢林认为，人类应有的自由主要包含意志的理性自决（“绝对自由”，absolute Freiheit）。这一点在康德和费希特那里就可以看到，谢林在这方面明确是以他们为基础的。

不过，在谢林看来，人类自由的可能性与现实性归属于更广泛的宇宙进程范围。在自然与历史中，这一进程总体上从盲目的意愿通向理性的意愿，从潜在或实际的恶通向自由选择的善。就此而言，谢林已经超过了康德和费希特，并比叔本华的类似思考更早，或者可以说是启发了后者。谢林甚至将神纳入这个世界性的发展过程，神同样受制于根据和实存的区分，因此也拥有善和恶的能力，并就此受制于一种颠倒意愿的可能性（“倒转的神”，der umgekehrte Gott）。

康德和费希特寻求为理论与实践中理性的不断发展提供依据并推动其发展。不同于二人，谢林的晚期作品描述了真正的自由在不完美世界中的衰颓与损失，在谢林看来，这个不完美世界是以《圣经》中的原罪为标记的。

在此情况下，谢林最终将自由和完美定位在彼岸，但这个彼岸应该在此时此地以伦理态度向个人的宗教信仰敞开。康德和费希特将自由的原则和关于发展的观点特别定位在法权和政治领域，黑格尔则试图在历史中和当下发现理性，与他们不同，谢林晚年强调对国家的批判并总体上对当下持怀疑态度。

19 世纪中叶，革命性的政治哲学尤其是马克思哲学得到发展，在此背景下，晚年的谢林看起来并不仅仅是远离现实、怀念过去，同时也是先知先觉、富于前瞻性的。这种说法同样适用于谢林晚期对以单纯理性方式实现的哲学（“纯粹理性哲学”，reinrationale Philosophie）的批判，谢林借此预示了克尔凯郭尔对学院派哲学抽象思维的批判，并受启发对纯粹理性哲学进行补充，或者确切地说，用另一种思维（“肯定哲学”，positive Philosophie）来取代。最后，谢林哲学在理性上持续对作为基本现实性的意愿（“原始存在”，Ursein）进行批判性关注。这种关注也似乎具有前瞻性，尤其是从叔本华和尼采对理性与意志之间关系的相似评价来看。

第四章

精神哲学：格奥尔格·威廉·弗里德里希·黑格尔

精神的一切行动因此只是对自身的把握，一切真正科学的目的只是让精神在天地间一切的东西中认识自身。

——黑格尔《哲学科学全书纲要》(1830)

格奥尔格·威廉·弗里德里希·黑格尔（1770—1831）出身于符腾堡的一个公职和牧师家庭。在图宾根神学院求学（1788—1793）结束后，他先是在伯尔尼和法兰克福做家庭教师（1793—1796，1797—1801），后来经他已经找到工作的图宾根校友谢林的介绍，在耶拿大学成为一名编外讲师（1801—1807），之后先是到班贝格做报纸编辑（1807/1808），接着又到纽伦堡担任一所文理中学的教师和校长（1808—1816）。他获得的第一份大学教职是在海德堡大学，但时间不长（1816—1818），随后受聘前往柏林大学任教（1818—1831）。黑格尔在柏林大学开设了大量的系列讲座，主题包括法哲学、宗教哲学、美学、世界历史哲学和哲学史，这些内容在他去世后得以出版。

黑格尔在学术与写作生涯的最初阶段，一方面是围绕着谢林的研究而展开 [《费希特与谢林哲学体系的差别》（*Die Differenz des Fichteschen und Schellingschen Systems der Philosophie*），1801]，另一方面是在当时的辩论范围内展开 [《信仰与知识》（*Glauben und Wissen*），1802]。然后，黑格尔凭一部作品实现了突破，他原计划将其作为自己所追求的哲学体系的导论，却在撰写过程中扩充为该体系大部分内容的初始版本 [《精神现象学》（*Die Phänomenologie des Geistes*），1807]。黑格尔后来才在一部内涵广泛的大纲中提供了完整的体系[《哲学科学全书纲要》（*Enzyklopädie der philosophischen Wissenschaften*），海德堡版 1817 年，柏林版 1827 年和 1830 年]。该体系的各个部分也以单独阐述的形式出版［《逻辑学》（*Die Wissenschaft der Logik*），1812/1816年初版，1831年再版；《法哲学原理》（*Grundlinien der Philosophie des Rechts*），1820］。

相比于费希特革命性的早期哲学论述和谢林创造性的哲学方法，黑格尔的哲学著作展开较慢，因而也就更彻底。黑格尔对费希特和谢林做了越来越具有批判性的分析，并将之诉诸其他以前和当前的著述者（如斯宾诺莎、康德、弗里德里希·海因里希·雅各比），此时的黑格尔构想出了一个哲学体系，其基础和大纲都得到了详细论述，而各个部分也得到了选择性论述。黑格尔哲学思考的特点是方法与材料、形式与内容的紧密联系，还有密切统一，力求以严格的方法获得内容上的确定，从研究对象的特性中展开方法上的步骤。

黑格尔为他早期设想的哲学体系做了详尽准备，并长期对该体系进行阐释，它同时体现哲学知识的多样性和统一性，其核心是精神的方法概念和实事概念。对黑格尔而言，概念是对空间与时间中、自然与文化中、历史与当下之间现实性哲学见解的指引，该现实性应始终由精神得出。概念的功能是指明一切现实性在思想上的基本特征（“观念性”，Idealität；“观念论”，Idealismus），现实性因此被证实由概念确定，并以智识上的属性为特征。黑格尔从根本上追述到了精神的概念，用来描述自然世界和历史世界现状中的统一性与多样性、同一与差异之间活生生的交融。

在黑格尔较早期的文本中，具备精神概念功能的原型是两个概念：**爱**和**生命**。这两个概念源自当时的哲学讨论，既非常适合呈现部分与整体之间的动态关系，也非常适合呈现一面与另一面之间的互反关系。随着改用**精神**概念，黑格尔选其作为一个术语，除了涵括早先的用词之外，还将现实性的社会历史维度纳入考虑中。在此，黑格尔沿用孟德斯鸠［《论法的精神》（*Vom Geist der Gesetze*），1748］和赫尔德［《论希伯来诗歌的精神》（*Vom Geist der Ebräischen Poesie*），1782/1783］赋予这个概念得以流传的意义，这二人正是由此证明了各种文化成果背后激励性、组织性的原则。

相对于费希特和谢林，黑格尔哲学体系的自身定位既诉诸精神概念，同时也为调和费希特和谢林关于知识和现实性绝对第一原则的见解做出了努力，因为二人的见解虽然呈互补关系，但单独来看仍是片面的。黑格尔认为这是因为他俩和康德都掌握了思想与存在、概念与对象的源始二元统一性（主体—客体），但他指责费希特窄化了绝对者的主观方面（“主观的主体—客体”，

subjektives Subjekt-Objekt），又批评谢林反过来给对象性方面以特殊地位（“客观的主体—客体”，objektives Subjekt-Objekt）。黑格尔的替代性设想是，将绝对者视作既是自身分化的，又是自身整合的。

黑格尔不是将统一性和多样性简单对立起来（“抽象思维”，abstraktes Denken），而是将统一性理解为自身包含着多样性，理解为从多样性中生成（或再次生成）统一性。他还将统一性理解为一致，将多样性理解为对立，将其诉诸逻辑关系（同一、矛盾）。黑格尔早期表达绝对者的原话是：“同一与差异的同一。”如此构想的大全一体，它之于一切对立——包括统一与对立的对立——的优越性是绝对的。

为了描述一切样式的对立在塑造被分化的统一性方面的系统作用，黑格尔借鉴了古代辩证法（柏拉图、亚里士多德），这是组织和拆解看似矛盾的陈述的学说。康德采纳了这一方法，用于论述对立的哲学立场（“先验辩证论”，transzendentale Dialektik）。但黑格尔还补充了竞争概念的逻辑动态（“思辨的辩证法”，spekulative Dialektik），以至于对立成了创造性的（“规定了的否定”，bestimmte Negation），通向更高阶段的统一性构造（“扬弃”，Aufhebung）。

黑格尔认为，渐进的辩证运动，包括一切样式对象上的一切样式的规定，它的背后推动力是精神。不同于费希特的自我或知识，在黑格尔看来，精神不仅是自发的行为载体（“主体”，Subjekt）；也不同于谢林的自然，对黑格尔而言，精神也不仅是诸规定的基础（“实体”，Substanz）。根据黑格尔的观点，精神其实既是主体，也是实体。于是，在黑格尔这里，特意一般化的精神就不局限于人类行动的组织和动景，尽管它就是在其中得以真正开展的（“精神哲学”）。黑格尔认为，在显见的精神领域之外，精神也在发挥作用。这可以用于自然，自然展示了精神之他者，以摆脱精神的模式而属于精神（“自然哲学”）。黑格尔认为基础的规定预先构造了自然和精神内容上的规定（“逻辑”），但即便是这些相对偏形式和思维的基础规定，也在最广泛的意义上被划归为精神——作为“创世前的上帝思想”。

在黑格尔成熟的思想中，狭义的精神划分为三个阶段，即个体构织的精神（“主观精神”，subjektiver Geist）、社会组织的精神（“客观精神”，objektiver Geist）和体现在整个历史中的精神（“绝对精神”，absoluter Geist）。这个阶段顺序经过了系统思考，它所描述的不是按时间顺序的发展进程，而是在现实性自我展开的诸种规定下，不断地分化与相应地整合在逻辑—概念上的关系。这同样适用于黑格尔对精神（“主观精神”“客观精神”“绝对精神”）的进一步细分，各有三个阶段。按照实事的逻辑，系统论述中的精神后期阶段是精神早期形式的前提。

在阐述精神哲学时，黑格尔诉诸传统的和当时的哲学立场和方案，详细说明了其阶段化的构形，这些哲学立场和方案因而以化用、辩证修订的版本得到部分确认和有限的证实。所以，主观精神的哲学是受到了亚里士多德《论灵魂》（*De Anima*）一书的启发，按一般的灵魂说（“人类学”，Anthropologie）、专门的意识论（“现象学”，Phänomenologie）和普遍的思维心理学（“心理学”，Psychologie）而依次铺陈。

但是，黑格尔也用“现象学”这个标题来描述精神的整个跨度：从个体意识和自我意识到理智和理性，再到集体精神，最后到艺术、宗教和哲学中的精神体现（《精神现象学》）。在一个全面的显象学说中，对精神的处理考虑到这样一种状况，即隐而不显的精神之明显展开需要个体的、集体的和历史的经验，通过这种经验，精神凭借上升的知识形态（“自为”，für sich），日益成为它在实事层面（“自在”，an sich）一直如此的东西。

在《精神现象学》的开始，对个体意识的讨论中，黑格尔就首先阐述了统治与奴役的辩证关系，产生了很大的历史影响并得到继续发展，不过大多是在社会相关层面和社会学批判层面被阐释（马克思）。

《精神现象学》仍将凸显出来的精神的心理维度和社会维度放在一起讨论，并将意识的显明（“形态”，Gestalten）直接与历史的形态结合起来，而后来的系统论述则将主观精神、客观精神和绝对精神的领域严格区分开来。因此，黑格尔在讨论客观精神时，尽可能摈弃对历史发展的阐述，并将在社会上客观化的精神呈现为（彼时）当下社会现实性的理性重建。

相比之下，思想成熟阶段的黑格尔对绝对精神的论述始终是历史性的。它是对明确包括非欧洲民族、国家和文化在内的艺术、宗教、哲学领域生产阶段的系统阐述，这些生产阶段根据空间和时间而被分化。但客观精神哲学是历史性的（或更确切地说，客观精神哲学的世界历史关注点与一般的历史考察相伴随），对一般的历史考察而言，其同时代的、后拿破仑时期的欧洲——政治上处于三月革命之前的时期，经济上步入早期工业化阶段，社会上兴起有产阶级和受过教育的中产阶级，以及艺术上崇尚毕德麦耶尔风格——应该代表了历史的高潮与终结。

黑格尔的客观精神哲学在《哲学科学全书纲要》中是纲要，在《法哲学原理》中则以详尽的论述被出版。就与当下的相关性而言，他的客观精神哲学是有历史依据和系统导向的。黑格尔旨在基于近代法治、经济、社会、政治的成就和发展，对社会现实性做分析性、重建性的论述。客观精神的整个哲学论述，其对象是对先进的近代社会中自由化的生命形式（“现代自由”，moderne Freiheit）之描述性和规范性的理解，其目标是洞察到自己当下现实性在本质上的理性建立过程。此洞察的意义和目的是对现存的法治—政治关系和公民—社会关系的普遍尊重和积极肯定，也考虑到了其余部分的不充分和不完善之处（“和解”，Versöhnung）。黑格尔对自己的当下的积极态度发生于双重的论战之中，即摒除了以文学上的浪漫主义来塑造一个所谓更美好的过去怀旧主义的变体，以及通过革命性的政治而在意识形态上确定一个更美好的未来。

黑格尔的《法哲学原理》，虽然标题显得内容有限，但它是关于客观精神的完整哲学，涉及狭义的法（“抽象法”，abstraktes Recht）到进入私己共同体（“家庭”，Familie）和经济的合作、合并（“市民社会”，

bürgerliche Gesellschaft）等领域的个体伦理（“道德”，Moral），再到集体的法治—政治构建（“国家”，Staat）。借法和道德两个开篇部分，黑格尔的客观精神哲学沿用了传统超实在法（“自然法”，Naturrecht）的经典元素，《法哲学原理》一书的副标题（“自然法与国家学纲要”）也指明了它在变动条件下持续存在。但在处理了抽象法和道德性问题之后，客观精神哲学内涵丰富的结论部分并不局限于国家法和国家哲学（“内部国家法”，inneres Staatsrecht；“外部国家法”，äußeres Staatsrecht），而是从私人的公民、市民的公民和国家的公民在现代国家生存的角度，在一般性层面探讨了政治共同体中的生命。

黑格尔选择了伦理（Sittlichkeit）概念，为现代国家多种形式的生活形态提供概念上的支撑。伦理概念——以古代社会政治伦理观为导向——包含了人类共同生活隐性和显性的标准和规范。黑格尔进一步证明社会中的伦理是“具体的”，将其与单纯法（“合法性”，Legalität）和纯粹道德（“道德性”，Moralität）指引下的片面而“抽象”的行动法制形成对比。但黑格尔并不按照古代特别是雅典和罗马时期人们对国家公民的典型关注方式，以及对非国家私人生存的广泛管理方式，来理解生活的道德品质。毋宁说，黑格尔的法哲学关注的是古代伦理效用向当下社会政治状况（“现代伦理”，moderne Sittlichkeit）的功能性转移。

在区别于古代和中世纪受社会管理的生存的特定意义下，黑格尔客观精神哲学中的现代特别是指自由概念，它拥有在政治共同体中作为生活的基础和前提，以及目标和用途的双重功能。自由在此不是简单地指受制于外在法条件下的任意自由（Willkürfreiheit），也不仅指个人道德行动时的意志自由（Willensfreiheit）。黑格尔当然想到了这些，不过他把客观精神领域中起决定性作用的自由定位在人的社会构造活动范围内。人不但是法律上受约束的权利主体和道德上承担义务的个人，而且是一个公民社会中负有社会责任的共在市民（Mitbürger），该公民社会在国家保障的内部和平秩序基础上进行自我管理。

现代公民社会（“市民社会”）在黑格尔的法哲学中处于家庭的私人领域和国家的公共法权领域之间。公民的市民社会构成了现代伦理的核心。黑格尔吸收了苏格兰启蒙哲学的见解和观点（亚当·斯密、亚当·弗格森），在他那里，公民的市民社会首先包括以市场为媒介的劳动和商品交换领域（“需要的体系”，System der Bedürfnisse）。在黑格尔对现代经济体系的描述中，值得注意的是他洞察到随着经济发展，底层人（“贱民”，Pöbel）的物质贫困和精神剥夺也相伴而生。不过这似乎并不影响黑格尔对现代社会理性状态的整体评价。

除了经济领域，黑格尔还把设立并维持法和秩序（“司法”，Rechtspflege）以及自我组织市民生活（“同业公会”，Korporation）纳入公民社会范围，公民社会因而具有属己且独立的国家秩序特征（“外部国家”，äußcrcr Staat）。从政治—社会角度来看，黑格尔所指的市民社会创立者和承担者不是从事纯粹经济活动的城市公民（bourgeois），而是负有民事责任的国家公民（citoyens）。

但是，作为自由的个体和集体自我发展之领域的市民社会是一个全然自由主义概念，黑格尔的现代伦理精神哲学中关于狭义的、宪法权利和国家政治意义上的现代国家（“内部国家”）相对进步的观点与之并不相符。在此，黑格尔反而把公民看作遵从法律的被动主体（“臣仆”，Untertan）。此外，他设想对社会行动范围（“等级”，Stände）做严格划分，并为世袭君主统治（“君主制”，Monarchie）进行辩护，同时拟由指定专家行使政府职能，并将立法委托给各等级代表组成的委员会。黑格尔与他同时代的长者和青年一起，对作为统治形式和政府样式的民主政体做出了敌对的批判。

因此总的来看，黑格尔在政治—哲学上呈现的是一个分裂的形象，他要求个人的和公民的自由，但同时忽略了政治的自由。值得注意的是，黑格尔对国家和社会精神的讨论并非复辟的、保守的国家学说，而是自由主义的、进步的公民社会学说，马克思也继承了这一学说，尽管是以批判和改造的方式。在彻底的理解接受中，由于当下真正的精神进步的历史完结（黑格尔从整体上为艺术、宗教、政治和哲学宣告了这一点），漫长而危险的现代性征途上将竖起一座里程碑。

第五章

意志哲学：
阿图尔·叔本华

> 普通人，即大自然的这种产物（它每天都产出数以千计这种产品），如前所述，至少绝不可能持续一种在任何意义上都完全不计利害的观察——一种真正的静观：只有在事物与他的意志有某种关系，哪怕仅仅是非常间接的关系时，他才能关注到该事物。
>
> ——叔本华《作为意志和表象的世界》(1818)

阿图尔·叔本华（1788—1860）生于上层商人家庭，做过商人的学徒，后来通过中学毕业补考，在哥廷根

（1809/1810）和柏林（1811/1812）上了大学，在耶拿凭借一篇基础哲学论文［《充足理由律的四重根》（*Über die vierfache Wurzel des Satzes vom zureichenden Grund*），1813］获得博士学位。接下来的四年里，写就了他的主要哲学著作《作为意志和表象的世界》（*Die Welt als Wille und Vorstellung*，1818 年初版，1840 年增订版）。1820 年起，他在柏林当私人讲师，但只在那儿教了一个学期。他有过几次比较久的国外旅行，最后以私人学者的身份在美因河畔法兰克福永久定居（1833）。

叔本华用更多专业著作对自己早期写的代表作做了补充，如《自然界中的意志》（*Über den Willen in der Natur*，1836），《论意志的自由》（*Über die Freiheit des Willens*，1839），《论道德的基础》（*Über die Grundlage der Moral*，1840）。他结集了自己用希腊语命名的“次要作品”和“搁置事物”，汇编成一部两卷本的文集《附录和补遗》（*Parerga und Paralipomena*，1851），其中也包括他最受欢迎的文章《人生智慧的箴言》（*Aphorismen zur Lebensweisheit*）。叔本华已出版的遗著中，除了有关于著作的大量准备草稿和主要作品的柏林演讲稿版本外，还包括一本关于成功辩论的实用指南《论争的辩证法》（*Eristische Dialektik*，约 1830）和一部关于西班牙巴洛克思想家巴尔塔沙·葛拉西安格言文集的译作《智慧书》(*Handorakel und Kunst der Weltklugheit*, 1832)。

从时间脉络来看，叔本华仍然完全属于德国观念论的范围。他自视为康德的真正继承人，在柏林听费希特的讲座，其系统性代表作的发表时间甚至还在黑格尔相应作品面世之前。但是叔本华很早就跟费希特、谢林和黑格尔划清了界限，以便标榜自己为沽名钓誉之辈中独一无二的、真正的康德继承人。叔本华这个学术界的局外人，从未获得过教授职位，直至临终前不久都完全没有引起他人的注意。

叔本华死后才在世界范围内获得文学名望并产生了广泛的文化影响，而且主要是在 19 世纪下半叶——此时对从欧洲到南美洲大地上那些经济地位上升但在政治上仍处于边缘地位的资产阶级而言，叔本华成了人们认同和激励众人的人物。资产阶级感受到的生活条件急速现代化，不只是物质方面的进步，还伴有精神方面的损失。在这种情况下，叔本华关于美学观审(Kontemplation)和伦理同感(Einfühlung)的非政治哲学可以替代宗教，提供文化意义。于是，叔本华的影响主要集中在哲学以外。他成了文学家、音乐家和艺术家的激励者。他自称局外人，但在 19 世纪末被另一个也在局外的极端分子尼采超越了，后者风格尖锐，思想大胆。

但是，叔本华的哲学如果不是在后来得到理解接纳的语境下，而是在其首次横空出世的历史背景下以及与其形成系统的相关性中来看，它要令人惊愕得多，也更具开创性。康德及其观念论的继承人（从费希特经谢林到黑格尔）都强调了自然和历史中理性和理智的作用，特别是将意愿和行动置于理性的普遍性和普遍的理性的要求之下，而叔本华则揭示了理性的界限，打开了看向整个世界的视野，这个世界超出了理性的规则。

然而，叔本华反传统的思考无论在形成之时还是在发展过程中，都与同时代观念论者的思考密切相关，后者就像一团黑影跟着他，无法轻易摆脱。在很多方面，叔本华的哲学都代表着古典观念论的反面，但他也汇集了一些特征，它们分散和隐藏在主要代表人物的思考中，本身已经被列出或至少有所暗示。叔本华也不是唯一一个与费希特、谢林和黑格尔实际上处于同时期，而又在康德之后引出思考的黑暗、朦胧、浪漫一面的人，尽管从长远来看，他是德国古典哲学中持浪漫主义相对立场的人中最富有影响力的代表。

欧洲范围内的黑暗浪漫主义充斥着悲观厌世情绪（拜伦、莱奥帕尔迪），皮肉下的情感就属于这种黑暗浪漫主义。此外，叔本华关于快乐和痛苦的思考属于严格基于经验的哲学或经验主义及其对“纯粹”理性能力的怀疑论评价的智识传统。在哥廷根大学求学期间，由于学校受英国的影响，叔本华也受到浸染，从大卫·休谟（1711—1776）那里读到了康德，在他看来，经验的界限同时意味着关于事物和人有意义称言的界限。尽管叔本华自认为思想上承继自康德，学说上依赖康德，但叔本华与康德的关系也因此充满批评和矛盾，特别是在评价行动和意愿目的之理性时（“实践理性”，praktische Vernunft）。

经验主义的前提已经在叔本华代表作的标题中得到体现，它同样可以被看成其最简略的内容总结：作为意志和表象的世界。叔本华哲学体系不像古代形而上学，它们的对象是存在、灵魂、世界整体或上帝；也不像康德及其观念论继承人，对象是理性、绝对者或精神。叔本华哲学的唯一对象是世界：它如何被人经验，而且是具体地、单个地被人经验——尽管从哲学的角度看，世界超过了每一个体经验，也超过了共同的经验，它的目标是关于所有这般经验的一般和基本的东西。叔本华认为，彼此相遇的人类也属于如此被理解的世界，即经验世界。

叔本华代表作的标题宣告了关于我们所熟悉的世界的双重观点（“作为意志”“作为表象”），此双重观点采用了康德所熟悉的对对象做显象和物自体的区分。但叔本华将康德的区分变成了对同一经验世界的双重看法。作为认知主体的表象，世界就是显象，根据认知的原则而形成。与康德相反，叔本华将世界还原至空间和时间以及因果律的核心范畴。在表象世界中，一切的一切对一个认知主体来说，没有什么是已经认知的或可认知的客体。不过，康德认为在显象后、显象下或显象前预设的物自体是不可知的，而叔本华则毫不迟疑地提出了它们与意志相同。

但叔本华没有为其大胆而简略的假说提供实际的、正式的证明，他同意康德关于物自体不可知的观点，因此根本不觉得这种证明是可能的。相反，在他看来，物自体与意志的等同是一种有益的类比结论，他试图将这一等同合理化。叔本华策略的出发点是区分人类进入可经验世界的两种根本通达方式。两条世界之路之一是经由人类理智，以理论认知的方式，在时空和因果律的形势下开启世界。开启世界的另一条路，叔本华认为，是向内通过感觉和冲动在感情上接受世界。

按照叔本华的评价，对世界的纯认知仅达到了表面，因而也只达到了彼此联系的事物的外部存在。相反，叔本华认为，对世界的感情态度抵进事物的核心，借助感觉和渴望揭开了事物的本质，从而揭开了世界的本质。对世界的其他经验是借助感觉以快乐和痛苦的形式实现的，鉴于此，叔本华认为将这个借以总结了人类感情烙印和冲动本性的标题（“意志”或“意愿”）赋予如此被开启的世界整体及世界如是，是十分恰当的。

在叔本华看来，起初纯粹心理学意义上的个人意志和后来上升到宇宙学领域的世界意志（“作为意志的世界”）在结构上是相近的，在功能上也是可资比较的。这两种意志形式表现出心理现实和宇宙现实同一无二的根本特征，即由需求驱动，永远得不到持续满足因而总是困于渴望之中。传统观点将人看作小型的世界（“微型世界”，Mikrokosmos），叔本华却反过来，认为世界是大型的人（“宏观人类”，Makranthropos）。但严格来说，叔本华提出作为意志的世界这一哲学观点只是一个引申的隐喻，由此将自我的某些特征移植到世界整体。叔本华本人在为其唯意志论的世界解释辩护时指出，除了人类一切样式的意志努力——从盲目的冲动到理性指引下的行为决定——的舞台，再没有更好的表达来描述世界了。

叔本华将世界与意志的本质做了重要的同化，其前提是人的意志观点，它彻底超越意志的限制而到了理性的意愿层面（“实践理性”），这在康德那里有权威的证明。叔本华把意志当作关于一切样式和程度的感情、情绪、激情及计较等情感活动和意愿热望的综合概念。此外，仅与物自体类似或者说经验性同一的意志事实上能否被视为世界的最终状态，叔本华对此也做了详细说明。但叔本华自己对意志的世界构想很有信心，认为自己拥有对世界的最佳解释，即除了纯认知上的对世界的看法（“作为表象的世界”）之外，世界如何内在地、根本地被经验，其中始终伴随着快乐和痛苦的烙印。

叔本华将世界既看作表象的对象，又看作意志的表现。在此双重考察框架之下，他发展了一个完整的哲学体系，分为四个部分，即认识论、自然哲学、美学和伦理学，并对此做了专门研究。此外，叔本华还融会了对世界作为表象和作为意志的两重考察，以及基于一切理由之关系的普遍原理（即根据律）的另一重考察，以此创立了关于上述四门哲学学科的系统学说。叔本华的博士论文（《充足理由律的四重根》）已经论及这一原理，它可以追溯到莱布尼茨。根据该原则，没有什么是无根据地如其所是存在的——无论它处在逻辑的、数理的、符合自然因果的，还是符合意志因果的原因—结果关系中。因此，叔本华基本上将根据律视为各实体和事件有规范地存在和发生的根本法则（“个体化原理”，Prinzip der Individuation）。

从表象和意志的视角对世界进行双重考察，在两者交会中，根据律通过这种考察的运用或不运用，产生出一个四重框架，有待四种相互联系的世界观及与之相关的哲学学科来填充。将世界视作依赖于根据律的表象，呈示出在时空中可经验性被认知的各事物的世界（“认识论”）；而将世界视作不依赖于根据律的表象，呈示出不变而超越个人的自然原理的世界（“自然哲学”）。接着叔本华又认为，将世界视作依赖于根据律的意志，呈示出单纯自然秩序——艺术观审和创作的对象（“美学”）——以外的观念性客体（“理念”）的世界，而将世界视作不依赖于根据律的意志，则呈示出在宇宙尺度内，作为持续形成和消失之原理的漫无目的的意志世界，这个世界于此能够在其本质的痛苦中被洞察和克服（“伦理学”）。

但叔本华没有让这四种哲学的世界观及其世界知识互不相干。相反，他整合了这四个根本立场的次序，使其成为一个不断认识世界本质的循序渐进的过程。叔本华延续了人类意志和世界意志的心理—宇宙上的一般类比，他还把对世界的哲学认知转移到了意志本身，并将整个世界生成置于一个总括的公式之下，该公式应该象征性地概括了整个体系（“总体思考”，der eine Gedanke）：“世界就是意志的自我认知。”叔本华并不将暂时拟人化的意志的自我认知理解为单纯认知上的、疏远的事务。经过世界的生成事件，世界意志得到了关于自己本质的澄清，而按照叔本华戏剧般的准确论述，世界意志最终为了应对自我认知而发生转变，这种自我认知是通过来自自身的自我否定这样一种矛盾的极端行为实现的。

叔本华在其体系最后的伦理学部分以及后来关于意志自由和道德基础的个别著作中，为宇宙意志虚构的、以类比方式假设的自我否定提供了实在的基础。按照叔本华的评判，意志在像我们这样天赋智能的生物中也主要是无意识的并且是本能地活跃着的。但通过哲学反思或艺术表达，理智却能够洞察到，在时空中人类及万事万物的一切个体存在的背后有着未分割的、广泛的意志，它在个体化原理（“根据律”）之下，以无穷多的构成形态呈现为受意志支配的世界。按照叔本华的悲观描绘，对所有这些受宇宙意志影响、受自然法则支配的事物和人类而言，彼此竞争和冲突这一永恒的存在形式是共有的。

在叔本华看来，一切个别存在都寻求自我保存（“生命意志”，Wille zum Leben），这不可避免地同时损害到他人（“痛苦”）。所以，叔本华在如是生命中只看到了痛苦，它在各个层面以各种形式表现出来——从行动和反应的身体层面到悲痛和苦恼的心灵维度。叔本华认为，世界的痛苦特质却不只是反思和洞察的对象。最重要的是，它其实开启了另一个看待作为意志的世界的视角，这个世界具有道德性质，能让它从古今悲剧的角度看到受意志支配的世界的生成。

在叔本华对世界本质的悲剧性看法中，个体的痛苦属于他们对进入个人存在形式之原罪的奖赏或惩罚，他们相互之间既是加害者，又是受害者（“永恒公义”，ewige Gerechtigkeit）。叔本华认为，一切作为都包含了痛苦，反过来说，因此也没有人是单纯的加害者，而总是——从他人的角度来说——其他加害者的受害者。但在叔本华看来，不仅施为者与承受者、加害者与受害者之间的区别最终失效，一般而言，如是的个体化也成为一个假象（“幻象”，Illusion），该假象掩盖了这样一个事实，即一切都是意志的表现，而意志又不受制于个体化原理。所以叔本华认为，不仅只有个体功能（施为者之于承受者）之间的区分，而且连彼此不同的个体也是错觉，凭借这种错觉，意志——按照叔本华虚构的、类比式的阐述——让个体彼此伤害，就像在它自己面前演了一出戏（“以自己的代价”）。

叔本华洞察到了一切存在的痛苦纠缠和个体存在的幻象特征，从而得出了伦理上的必然结果，即对自我与他者之区分的实际破除。叔本华认为，谁曾洞察了个体化原理，谁就在他者中看到了自身，并在感情上认同他者及其痛苦（“同情”，Mitleid）。更重要的是，谁达到了这样的伦理洞察，谁就再也不在自己的行动中去区分自己和所有他者。作为他的同情伦理学的历史性证据，叔本华借用了古印度的智慧——它用一个短句概括了与他者的关系：“这就是你（tat twam asi）。”

叔本华的同情伦理学排除了一切固执己见和自私自利的行动，而彻底为他者考虑，或是提倡利他主义。而在最后阶段，叔本华又通过一种放弃的伦理学（“断念”，Resignation）超越了同情伦理学。断念伦理学以不行动取代行动，包括利他的行动，让每一伦理实践都在清修苦行（“禁欲”，Mortifikation）的形态下失去效用。正如一般的同情伦理学，叔本华也不仅将其放弃行动的伦理学理解为道德责任（“义务”，Pflicht），还理解为单个的人在应对悲观认识到世界的意志本质时所选择的生活方式。特别是苦行僧式的生活方式，叔本华认为它只在少数人（“圣人”，Heilige）身上实现。

在叔本华看来，伦理方面的自由并不局限于选择和采用一种真正的伦理观点。叔本华认为，除了源自同情的行动，通过苦行的不行动也包含一种获得自由的形式。根据叔本华的观点，在伦理行动以及对每一行动的伦理放弃中，人从遵循个体化原理的意志及其严格的统治（“暴政”，Tyrannei）中获得了自由。在叔本华看来，实际上破除看起来不同的个体之间的障碍等同于破除个体化并否定意志自身，尽管对他而言，在一个完全受意志支配的世界里，意志的否定这一最终行为资源，也包括自由的本质与效用，仍是神秘莫测的（“奥秘”，Mysterium）。

第六章

存在哲学：索伦·克尔凯郭尔

哲学说过，生活必须向后理解，这话很对。但人们却忘了另一句话，即生活必须向前走。

——克尔凯郭尔《日记（1834—1855)》

索伦·克尔凯郭尔（1813—1855）生于哥本哈根的一个富裕家庭，在哥本哈根大学学习新教神学（1830—1841），然后去柏林进修哲学，在那儿参加了谢林后期的讲座（1841/1842）。他在哥本哈根大学的博士论文主题是苏格拉底的反讽概念，随后陆陆续续出版的书籍热衷于反对既定的宗教和哲学，不过都用了假名。他还尝试使用文学创作的形式和风格，并有意将哲学论证与宗教激情相融合。他的作品主要有《非此即彼》(*Entweder – Oder*, 1843)、《恐惧与战栗》(*Furcht und Zittern*, 1843)、《重复》(*Die Wiederholung*, 1843)、《哲学片断》(*Philosophische Brocken*, 1844)、《恐惧的概念》(*Der Begriff der Angst*, 1844)、《人生道路诸阶段》(*Stadien auf dem Lebensweg*, 1845)、《非科学的最后附言》(*Abschließende unwissenschaftliche Nachschrift*, 1846)、《致死的疾病》(*Die Krankheit zum Tode*, 1849)、《基督教的实践》(*Einübung in das Christentum*, 1850)。

此外，克尔凯郭尔还用教堂布道的风格写了一些简单的有宗教特色的文章，如《虔诚的讲话》(*Erbauliche Reden*)、《基督徒的讲话》(*Christliche Reden*, 1847/1848)，记录了他与基督教的持续斗争。克尔凯郭尔早年从父亲那里继承了大笔财产，几乎一生都待在哥本哈根，是个家喻户晓的人物，但也受人敌视和嘲笑，而他则以刊文论战的方式来回击。另外克尔凯郭尔单方面决定解除早年婚约，这件事也是他创作作品的个人背景。他生命最后几年的标志性事件是他极度疏远了丹麦国家教会。

随着克尔凯郭尔思想的形成，年轻一代既承接了德国观念论哲学，但又批判性地与之保持距离，并在这一过程中塑造了19世纪上半叶欧洲思想的进一步走向。年轻人的批判对象首先是黑格尔的成熟作品，而它被认为是德国观念论哲学的高峰和终结（费尔巴哈、马克思）。不过，年轻一代的哲学也从费希特（马克思）和谢林（克尔凯郭尔）那里获得启发。

有人曾把从成熟的黑格尔和晚期的谢林到年轻狂野一代的这一步描述为19世纪哲学的“革命性突破”（洛维特）。将其分为以黑格尔为顶峰的和黑格尔之后的两个阶段，虽然反映出19世纪30年代以来思想发生了根本变化，但掩盖了19世纪思想的延续性程度；最重要的是，它没有清楚认识到早期阶段为后来的彻底发展所做的准备与开创性工作。

同样地，不仅从克尔凯郭尔到尼采的19世纪晚期思想是革命性的，从康德到黑格尔19世纪早期的思想也是革命性的。整个漫长的19世纪，从康德到尼采，其标志就是革命性变化，它本身也带有革命性特征。这首先就涉及法国大革命对康德及德国观念论的影响，然后它又指向欧洲革命之年（1848/1849）酝酿时期的思想家，最后它还关乎一些哲学声音，在19世纪中叶，这些声音对社会现实的革命性变化做了描述和评价。

自19世纪30年代发展起来的新主题、新假说、新理论，都是由康德及德国观念论的革命性成就所奠定和激发的。克尔凯郭尔对个体存在的关注，吸收了费希特对道德标准的具体应用的思考，还吸收了费希特和谢林关于生命和存在的不可预测的想法(“存在的不可预思”，Unvordenklichkeit des Seins)。叔本华关于脱离了理性的意志这一核心构想已在费希特和谢林关于意愿非理性维度的思考中有所预示。费尔巴哈对感官和感性的关注，基于费希特将身体作为哲学研究之自有对象的介绍。马克思对人类生活的社会经济基础的关注，则带着黑格尔对市民社会分析的烙印。

新一代思想家与前辈和先哲的不同之处在于哲学思考的方式和风格。康德和德国观念论哲学家——甚至叔本华——都有进行百科全书式思考的雄心，拥有系统性思考并以此为特征，但这一点现在被筹划和执行上的某种单一性和强化所取代，就视角和重点而言，常常以牺牲思考中的广泛和平衡为代价。年轻的思想却因此获得了内在的戏剧化表达和外部的氛围。从文体来看，年轻一代在思想上的重新定位与哲学的文学化相伴而行，哲学语言从学术的、大学的论调，转向大众的、论战的语词，并且拥有极高的文学品质。

特别是克尔凯郭尔，他实际上作为19世纪后观念论哲学家，代表了一种有宗教烙印的哲学思考——更确切地说，是一种有哲学烙印的宗教思考。相较而言，年轻一代的其他哲学家要么是公开承认的无神论者（叔本华、马克思），要么是彻底被改变了的宗教理解的捍卫者（费尔巴哈）。但克尔凯郭尔和他那一代人一样，都对既有宗教和神学传统做出了批判性评价。

克尔凯郭尔思考的深刻宗教特征并不简单表现在对宗教虔诚的信心和稳固的告白方面。克尔凯郭尔的思考伴随着为获得宗教确定性而奋斗以及与怀疑和顾虑做抗争。虽然克尔凯郭尔的宗教筹谋有基督教的烙印，特别是致力于路德教内化的虔信派的形式，但他认为基督教的制度结构不适合传达真实的信仰。在这种情况下，克尔凯郭尔感到，为了建立并巩固信仰，他要退回到自身。他思考的对象从头到尾都是自己的宗教存在，而这是为了以一种示范性的方式，让现代个体的人更接近深刻宗教性之存在的资源。

克尔凯郭尔将对真实存在的哲学推导组织为戏剧顺序，包含概念传递和对不可进一步推导的级次的直接援引，前者吸纳了黑格尔的哲学进程，后者以批判性远离的方式参考了黑格尔。由此，克尔凯郭尔得以阐明黑格尔思考中的诸种可能性和局限性。对克尔凯郭尔而言，如果辩证的思考涉及具体生活的关切，而这种关切不能通过远处的思考而只能通过直接的生活自身得到解决，它就是不充分的。

克尔凯郭尔放弃了辩证思考，这在他对宗教生活的评判中表现得最为明显。与黑格尔将宗教划归为哲学知识相反，克尔凯郭尔主张将知识与宗教严格地分开，还主张上帝超越了一切无限思考和行动。克尔凯郭尔认为，与上帝的真正关系超越了上帝证明传统中的理性论证，仅仅通过宗教皈依（“飞跃”，Sprung）的非理性行动来实现。按照克尔凯郭尔的观点，宗教的基本行动——每一个个人都为之寻找自身——也不涉及一个可以一劳永逸的单一行动。相反，真正的宗教生活需要有目的的练习和慎重的“重复”。

真正宗教意识的形成与一个真正自我的出现是相伴而行的，而真正的自我远离现代人预先制定的生活方式。详细来说，克尔凯郭尔将自我的发展分成了三个阶段，它们应该是相继相续的，但不遵循任何强制性的发生逻辑。这三个阶段是审美阶段、伦理阶段和宗教阶段。克尔凯郭尔以其文学风格为特征，形象地描述了这三个阶段。

克尔凯郭尔认为，在初始阶段，人处于完全由感官决定的与世界、与同类的关系中。在克尔凯郭尔所想象的人类于该阶段最好的状态中，世界以纯粹审美的方式被理解和看待，即作为感觉和渴求的赏玩之物。克尔凯郭尔借用文学形象唐璜描绘了这一存在类型，并通过一个玩世不恭的勾引场景来刻画［《诱惑者日记》，*Tagebuch des Verführers*］。第一阶段的自我只是以主体为导向，以唯我为动机，以纯粹审美为特征。

在下一个阶段，审美态度被留存至与世界和人类同伴的伦理关系中，思考和行动的形态从此面向他人，并就此而言成为客观的、社会性的。克尔凯郭尔所描述的伦理立场基本上与现代道德哲学相符，后者关涉无关乎利益的、源自共同感或理性的行动。但如果自我涉及具体的个体存在，那么克尔凯郭尔恰恰因为自我规范那受到诟病的普遍性和必然性而认为伦理自我是不充分的。

在克尔凯郭尔看来，只有当伦理阶段转进到宗教阶段时，自我才能充分地形成。克尔凯郭尔同样以想象的形式刻画了宗教立场。在他看来，《圣经》中亚伯拉罕甘愿听从上帝的命令牺牲自己的儿子，说明伦理的—普遍的东西被宗教的—异常的东西废除了（“扬弃”，Aufhebung）。上帝展示神迹和恩典，通过对脱离理性的上帝做出不寻常的、荒谬的服从，神圣的杀人命令取代了对道德法则的一般服从。

宗教自我的上帝因此也不是“哲学家的上帝”（帕斯卡），而是一个具体地活着的信仰上帝，克尔凯郭尔将其与真实可靠的信仰基督（“基督教”）等同起来，并与官方教会制度化的基督教截然分开（“基督教界”）。克尔凯郭尔在智识上加以发展并在日后大力宣扬的宗教性，丢弃了与普通教徒相区别的神职人员和固定的教会教义，相反，其重点在于个体的笃信和个人的虔诚。

然而，克尔凯郭尔的宗教意识尽管立足于人自己的存在，但仍然指向一种超越性（“上帝”），将人引至自身以外。于是，有限的存在与永恒者之间的关系一方面表现为失败（“罪孽”），另一方面表现为宽恕（“救赎”）。对于人与私己绝对者的联系而言，尤为重要的是神人（“基督”）的中介角色，按照克尔凯郭尔的观点，信徒应该与之建立一种高度认同的个人关系。克尔凯郭尔或从永恒的救赎角度，或从永恒的诅咒角度，来看待个体生活，并因此认为个体生活伴随着一种持续的、非具体的恐惧情绪（“畏惧”，Angst），以及深深的内在不确定性（“绝望”，Verzweiflung）。

克尔凯郭尔对人类存在的绝望看法，在他的时代以及 19 世纪后半叶都没有产生效应、取得成果。某些结合了深刻宗教救世说以研究现代社会病理的类似思索，倒可以在当时的文学、艺术和音乐中找到，特别是在陀思妥耶夫斯基（1821—1881）的长篇小说中，其内容既涉及现代个体的意义危机，又涉及宗教的救赎作用。直到20世纪初，克尔凯郭尔才对哲学发展产生影响，彼时人类存在——无论以其威胁性还是以其潜能——成了欧洲大陆思想家的关注焦点（存在主义、存在论现象学、哲学人类学），尽管大部分都缺少在克尔凯郭尔思想中占主导地位的宗教维度。

第七章

人类哲学：
路德维希·费尔巴哈

哲学是关于存在者的知识。事物及本质如何存在，就要如何去思考，去认识——这是哲学的最高法则、最高任务。

——费尔巴哈《关于哲学改造的临时纲要》(1843)

路德维希·费尔巴哈（1804—1872）生于巴伐利亚一个有名望的学者和艺术家家庭。他先是在海德堡学习新教神学（1823），然后在柏林跟随黑格尔学习哲学（1824—1826），接着又去埃尔兰根进修（1826—1828），在那儿获得了博士学位（1828），论文是用拉丁文写的。

他从 1835 年开始在埃尔兰根任私人讲师。当教授的愿望早就破碎了，这是因为他所从事的新闻出版活动都在激烈地批评国家、宗教和社会，例如最早匿名发表的《论死与不朽》(*Gedanken über Tod und Unsterblichkeit*, 1830)。他研究了早期近代哲学 [《近代哲学史：从培根到斯宾诺莎》(*Geschichte der neuern Philosophie von Baco von Verulam bis Benedikt Spinoza*), 1833], 研究了激进的法国启蒙运动的主要代表人物 [《比埃尔·培尔》(*Pierre Bayle*), 1839], 之后又出版了他的宗教批评代表作 [《基督教的本质》(*Das Wesen des Christentums*), 1841], 后来以通俗的论述进行了补充 [《宗教的本质》(*Das Wesen der Religion*), 1846 ;《关于宗教本质的讲座》(*Vorlesungen über das Wesen der Religion*), 1851]。随后，他写了一些纲领性文章，对此前受黑格尔影响的传统哲学做了批评，并提出了新的哲学 [《关于哲学改造的临时纲要》(*Vorläufige Thesen zur Reformation der Philosophie*), 1843 ;《未来哲学原理》(*Grundsätze der Philosophie der Zukunft*), 1843]。

到 19 世纪中叶为止，费尔巴哈对激进的艺术家和作家，如理查德·瓦格纳、戈特弗里德·凯勒以及青年马克思产生过强烈影响。但在他生命的最后 20 年里，他的声名逐渐黯淡，影响力也消失了。从 1860 年起，费尔巴哈实际上一贫如洗，全靠朋友和志同道合者接济。费尔巴哈晚期关于诸神和上帝信仰起源［《神谱》（*Theogonie nach den Quellen des klassischen, hebräischen und christlichen Altertums*），1857］、关于精神和物质的关系［《论唯灵主义和唯物主义》（*Über Spiritualismus und Materialismus*），1866］的研究仍然无人问津，他最后关于实践哲学的问题（其中也包括意志自由的相关内容）的写作计划也没能完成。

费尔巴哈在 19 世纪哲学进程中留存的意义，是基于他处于黑格尔和马克思之间的系统性上的地位。他在黑格尔之后对黑格尔提出了建设性的批评，并对马克思的早期阶段产生了重要影响。费尔巴哈相对于黑格尔和马克思的哲学成就在于，他引入了人类学，将其作为后观念论哲学思考的一种基本形式。费尔巴哈发起的人类学转向，重点在于宗教。在他看来，宗教既是进行破坏性批评的目标，也是建设性改造的对象。此外，费尔巴哈将唯物论作为实在论的备选以替代观念论（观念论影响了从康德到黑格尔的德国古典哲学），为唯物主义的发展做出了决定性的贡献。

费尔巴哈关注宗教的背景，是在德国三月革命前的时期，发生了关于黑格尔哲学遗产的公开辩论。三月革命前的时期是指从黑格尔去世到为时两年的欧洲资产阶级革命之间的十五六年。现代政党被培养成了志同道合者的聚集地和日常政治的承担者、塑造者，实际上与此同时，黑格尔学派的哲学光谱也在向左右两边分化。黑格尔右派在政治和文化保守主义的背景下推动黑格尔哲学，强调黑格尔客观精神哲学支持国家的功能，并强调其宗教哲学的传统主义取向。相比之下，黑格尔左派（Junghegelianer，青年黑格尔派）的代表人物（大多为记者和作家）以进步为导向，借鉴黑格尔的法哲学和宗教哲学来设计另一种政治和社会秩序。

两个阵营都为各自的哲学及政治目的将黑格尔的思想工具化。黑格尔的法哲学包含了社会哲学和国家哲学，不能简单地归为保守派，更不能归为对因维也纳会议而得以恢复的欧洲革命前的秩序做出的政治反应。但黑格尔的法哲学同样也不是政治激进作品，用以批评和攻击现存的状况。毋宁说，黑格尔在政治—哲学方面采取了一种温和的自由主义立场，将具体关注根本上的自由（“现代自由”）与涉及社会—政治机构、权威人士的保守派路线结合起来。

在宗教问题上，黑格尔既不像右派那样一味接受，也不像左派那样寻求转变。他对新教做了哲学上的重建，使之变成专门为成年公民所有的现代宗教。这一哲学重建截然不同于传统的天主教和虔信派不加批判的内在性，在黑格尔生命的最后几年里，后者再次在普鲁士获得了巨大的社会和政治影响力。然而，大规模的审查（卡尔斯巴德决议）在黑格尔公开展示的法哲学和宗教哲学中发挥了什么作用，以及黑格尔本人倘若处于其他外部条件下能赋予其哲学怎样更加进步的形式，都还有待观察。相比之下，在青年黑格尔派那里，首先是在费尔巴哈那里，他们的哲学立场无疑具有激进性，他们无所畏惧地表明自己的立场，即使这让他们失去了光明前景，无法在学术上获得成功或在大学拥有影响力。

如果费尔巴哈将宗教哲学置于对黑格尔进行批判性分析的中心，那它就不属于黑格尔哲学以及直接接受者的某方面或次要的主题。拥有通过精神抵达其本真对象的绝对者，并让该对象在绝对精神（不仅是艺术和哲学，就连宗教也属于它）中发展到顶峰，作为这样一种哲学，黑格尔的体系从根本上就与宗教有关。但黑格尔始终把宗教纳入精神的一个构形序列，该序列超越了宗教意识和宗教知识。特别是黑格尔将宗教描述为“表象”，从而标定了它的认知地位。“表象”这个词是指对于宗教意识和宗教知识而言的宗教信仰和宗教对象（诸神，上帝）之间的独特分离，而宗教对象就宗教的呈现来说是外在的——即使宗教信仰被证明是特别深切的或内在的情况下也是如此。宗教意识困于表象与对象的对立，黑格尔将其一方面与艺术直接一直觉的意识形式区别开来，另一方面与哲学概念间接的认知模式区分开来。

当费尔巴哈描述宗教陷入了对象化和物化时，他继承了黑格尔对宗教的评价，将其视为抽象表象形态下绝对的知识形式。根据费尔巴哈的观点，宗教本质上（“宗教的本质”）是投射，尽管是以隐秘的方式（“秘密”，Geheimnis）。意识看到了自己面对的一个对象，它对意识而言是陌生的、别的东西，但它最初来自意识自身。费尔巴哈认为，在宗教意识中，投射涉及对一个神性本质的对抗，而该神性本质实际上源自宗教意识本身。

黑格尔将宗教意识定位在绝对精神的动态阶段顺序之中，继黑格尔之后，费尔巴哈将宗教意识本身动态化为上帝形成的过程。但在宗教意识视野中这一过程仍是不可捉摸的，因此导致了上帝的绝对对象性这种错误的表象。费尔巴哈认为，宗教本质上包括无意识的脱离这样一个过程（“被对象化”）——通过该过程，一个本己的东西变成了一个陌生的东西，或者至少被感受为一个陌生的东西。因此，宗教意识的特点是将专门属于人类的品质特征转移到一个如此实现了的超越人类的、神性的本质（“神人同形同性论”，Anthropomorphismus）。

费尔巴哈并不局限于仅仅描述宗教意识在其不为人知的形成过程中的状况。相反，他将关于宗教意识起源的描述与其基本的批评联系起来。不同于黑格尔对精神起源的描述（“现象学”），在其中发展意味着进步；而在费尔巴哈看来，宗教意识的形成包含着一种损失，而且是有深远影响的巨大损失。根据费尔巴哈的评判，宗教意识将本质特征从人身上分离出来，把它们投入人以外的存在中去。这样一来，人就变得贫乏和萎缩了，以至于他那原本自己就是自己的本质被剥离了，并被对象化为神性的本质。

然后，费尔巴哈将他对宗教起源的批判与哲学—教育的方案联系起来，该方案扭转了此前颠倒的关系，从而回到了宗教和诸神在人类身上的源头。人类本质和神性本质的隐秘同一（“统一性”）不应该只为了哲学思考，还应该为了普遍的人类意识而被重新确立。因此，最初由人类材料构成宗教本质的拟人化过程就与最终神性之物的人性化过程相呼应。但是，费尔巴哈并不关心将人变成上帝。相反，通过对神性本质表面上本已存在的扬弃，人在其源始的整体性中作为“新人”复活了。

在费尔巴哈的宗教批判方案中，人本身再次取代了对诸神和上帝的宗教信仰；神学要发展出人类学。但是，费尔巴哈很少考虑到个别的人及其偶然的状况、能力和成就。费尔巴哈的人类学对象是在集体考察下的人（“类本质”，Gattungswesen），因而是改善和完善的一般潜能，而非一件实际的成就。费尔巴哈人类学立足于人类本质，关心人类本质的相应实现，他支持塑造一个现代人类形象的传统，该形象赋予人类一个自身的人格和自我完善的基本任务。

从这个角度来看，费尔巴哈针对黑格尔的观念论而倡导的唯物论，也具有人类学和人道主义的特征。费尔巴哈关注的不是将精神完全还原为物质，而是阐述人类存在尤其是精神成果的物质维度。这样看来，费尔巴哈人类学唯物主义，确切地说是唯物主义人类学，其首要的反对者不是后康德时期的观念论——它本身已经系统地考虑到了精神的人类学维度，而是一种过度的反唯物论（“精神主义”，Spiritualismus）。

费尔巴哈对同时代的绝对者哲学（“思辨哲学”，spekulative Philosophie），尤其是黑格尔的体系进行了类似分析，还围绕这个分析为宗教本质的批判谱系做了补充。在这里，费尔巴哈也是通过以上方式进行的：他揭示了人类品质特征向一个不同于人类的本质转化。但在这种情况下，被对象化的本质不是私己的神性实体，而是普遍的绝对者。虽然费尔巴哈承认，早在黑格尔那里，绝对本质就被设想为精神——更确切地说是被设想为知识（“绝对知识”），就此而言，它之于概念性思考（“思辨”）不是外在的，但是费尔巴哈批评黑格尔将精神分割为有限的本质和无限的本质，并因此相较于精神自身及精神如是，对与之相区别的人类有限思维进行贬低。

相比于黑格尔对有限—受限的思维做出的诊断性评价，费尔巴哈希望能够为人类思维重新取回属于自己的、尽管是隐藏了的有限性。为达到这个目的，费尔巴哈围绕物质、身体和感官的人类有限级次而展开，取代了他所认为的对精神、绝对者和思维的错误关注。不仅人作为感性的本质（即由身体构成并由激情决定的本质）应该凸显出来，人的感性本质还应该被证明是核心。费尔巴哈认为，人是具体的、个别的人，其精神和身体（“理智”“心灵”）是密切交织的，或者应该是密切交织的。

费尔巴哈对哲学中的人类学转向进行了宣传，而在相关的方案描述中，特别关注了人与人之间的关系。观念论的—思辨的哲学中精神的单纯自我相关性（“独白”，Monolog）应该被人们彼此间的关联所取代，后者表现为与私己的对方进行谈话和交流（“你”“对话”）。费尔巴哈将深切的情意当成联结人们的纽带。在费尔巴哈看来，具体的人与人和事发生关系的主要方式不是思维，而是直观，包括其中的感情维度（“感性”“激情”）。

以人类学替代思辨的观念论，费尔巴哈也将这一方案称作“未来哲学”。理查德·瓦格纳不久后化用了这个词，用在了献给费尔巴哈的艺术哲学著作的标题上［《未来艺术作品》（*Das Kunstwerk der Zukunft*），1850］。“未来哲学”这个词，一方面展示了思维的纲领性特征——这种思维仍需要加以论述，以衡量德国观念论的系统成就；另一方面为哲学本身打开了一个新的维度和视角。最后，这个短语还有一点值得注意：费尔巴哈用它开辟了未来，而这个未来是作为哲学思考本己的、本真的维度的。因此，哲学就不像在黑格尔那里，是为理解过去和宽恕当下服务的，而是面向一个新的时代及其新的秩序——这个时代尚未到来，它的最终实现是要通过哲学的手段来准备和达成的。

第八章
劳动哲学：卡尔·马克思

人能通过意识、通过宗教、通过其他想要的东西将人类和动物区分开来。一旦开始生产自己的食物，他们就开始与动物区分开来了。这一步是以他们的身体组织为条件的。人类通过生产他们的食物，间接地生产他们的物质生活本身。

——马克思《德意志意识形态》(1846)

卡尔·马克思（1818—1883）生于莱茵省一个犹太拉比家庭，家中只有他的父母皈依了新教。他起初在波恩大学（1835—1836）和柏林大学（1836—1836）学习法律，但在柏林的黑格尔左派环境中，他转向了哲学，后来凭着讨论古代自然哲学的论文在耶拿大学获得博士学位（1841）。马克思在自由派的《莱茵报》担任撰稿人和编辑（1842/1843），同时还在筹备《德法年鉴》杂志（1843）。之后他先是在新闻报刊上与黑格尔左派论辩，特别是与费尔巴哈和马克斯·施蒂纳辩论［《关于费尔巴哈的提纲》（*Thesen über Feuerbach*），1845；《神圣家族》（*Die heilige Familie*），1845，与弗里德里希·恩格斯合著；《德意志意识形态》（*Die deutsche Ideologie*），1845/1846］。随后，马克思在国际工人运动背景下展开了政治宣传活动，他为国际工人运动的形成发挥了决定性作用［《共产党宣言》（*Manifest der kommunistischen Partei*），1848，与恩格斯合著］。

在早期的零星尝试［《1844年经济学哲学手稿》（*Ökonomischphilosophische Manuskripte*），1844］之后，马克思将他剩余的时间和精力投入对资本主义经济体系的科学分析之中［《政治经济学批判》（*Zur Kritik der politischen Ökonomie*），1859；《资本论》（*Das Kapital*）第一卷1867，第二卷1885（死后出版），第三卷1894（死后出版）］。出于政治原因，马克思一生大部分时间都不得不在流亡中度过，先是在巴黎（1843—1845），接着到布鲁塞尔（1845—1848），最后到了伦敦（1849—1883），在德国只是偶作短暂停留，并于欧洲革命之年（1848/1849）去了科隆。

马克思作为具有全球影响力的政治意识形态（马克思主义）的创始人，在19世纪后期和整个20世纪仍旧持续产生影响。马克思主义的核心是反资产阶级的经济、社会构想（社会主义、共产主义）。不过，马克思转向政治和经济，是在哲学中特别是在左派黑格尔主义的环境中开始和准备的，但左派黑格尔主义在19世纪40年代变得越来越激进。1848至1849年欧洲资产阶级革命准备和发起之时（然而革命在德语国家全都失败了），青年黑格尔派，尤其是马克思和恩格斯，之前对政治现状主要进行新闻批评，现在则都开始开展政治活动了。

从革命性的思考向思考革命的转变，其决定性的一步是将市民的政治关切（市民自由和市民平等、共和制宪法）与工人问题联系起来。马克思政治—实践的激进化也是在批判性阐述黑格尔法哲学、接受费尔巴哈宗教哲学的背景下发生的。此外，他还与同代的左派黑格尔主义者（布鲁诺·鲍威尔、施蒂纳）以及欧洲早期社会主义者（皮埃尔－约瑟夫·蒲鲁东）的基本立场保持距离。马克思后期的政治经济作品，尤其是《资本论》，在他生前或死后不久都得以出版并产生了广泛效应，但他大量独创性的早期哲学作品（其中大多是零散的）在几十年后才出版，因而实际上没有影响对马克思政治宣传方面的接受，但这些作品可以用来纠正对马克思思想的片面采用。

马克思在与黑格尔《法哲学原理》(1820）的虚构对话中形成了他批判性社会哲学的基本特征。对于青年马克思而言，黑格尔关于家庭、市民社会和国家的综合性哲学代表着比他所在的社会现实中现代国家更高的分析。马克思赞同左派黑格尔主义对德国政治状况的一般评价，认为它是落后的、倒行逆施的，但他在黑格尔对国家和社会的哲学（“思辨”）分析中，看到了方法论手段和概念性范畴已经备好，可以用来批判性地逐步掌握政治现实。

马克思特别感兴趣的是黑格尔对社会（包括市民社会）和国家（包括“政治国家”）关系的论述。根据黑格尔的观点，狭义的、政治意义上的国家——作为政府当局和工具——先于似乎是前国家和非国家构成的家庭和市民社会而存在。相比之下，马克思回顾了单纯观念上的国家状态（“理念”），它在具体的社会团体中有现实基础。对于黑格尔的国家观念论而言，家庭和市民社会是非独立的国家局部表现（“环节”，Momente）。早期马克思对黑格尔的国家观念论进行了彻底的翻转，对社会唯物主义的发展已经有所显现，在他看来，社会具体环境和历史特别状况首先以结构和制度的形式构造了国家（“历史唯物主义”，historischer Materialismus）。

费尔巴哈批判了将人类意识错误对象化的宗教，马克思在批评黑格尔时沿用了这一批判。他把费尔巴哈对意识构成的起源分析从宗教和神学领域转用到了国家和社会领域。马克思认为，国家在其所谓的绝对现实中是社会关系的虚幻客体化，这一社会关系是处在一个本己的、与本真的（市民的）社会分离的秩序中的。但对于超越费尔巴哈起源分析的这一步，马克思并不仅仅视之为超越费尔巴哈对宗教的关注而拓宽了其应用范围。在批判性地脱离费尔巴哈的思想时，马克思也拓展了起源性意识分析的模式。

也就是说，费尔巴哈发现了宗教本质及其无意识对象化运作背后的作用机制，但没有弄清其意义和目的，而马克思感兴趣的是投射机制的功能，宗教意识乃至所有进行错误对象化的意识正是以投射机制为基础的。马克思认为，宗教的作用是使人麻痹（“人民的鸦片”，

Opium für das Volk），目的是让人在面对生活辛劳尤其是社会生存困扰时麻木不仁或无动于衷。从这个角度看，马克思认为，由费尔巴哈揭开的对彼岸世界的宗教意识拓展到了对此岸世界的错误意识，而此岸世界的真正本质是被宗教意识错判和低估了的（“颠倒的世界意识”，verkehrtes Weltbewusstsein）。

早期的马克思就已经将具体的社会现实和由此决定的物质环境（尤其是独特的财产状况），与对绝对宗教和绝对国家的崇拜对立起来了。因此，纠正宗教和政治颠倒状况的哲学方案（“理论革命”），应该在一个实际的社会革命中找到相应的政治方案，这个社会革命创造了完全不同的法治和国家结构。马克思认为，只有通过这种革命性的实践，哲学才能在现实中得到充分实现（“现实化”，Verwirklichung）。

马克思对黑格尔的法哲学、社会哲学和国家哲学进行批判，在此框架内，他已探讨了彻底的政治变革所需要的具体条件。按照他的一般历史唯物主义方法，他将革命的必要基础定位在人（“人民”，Volk）而不是理念之中。法国大革命作为一场特别的政治革命，旨在争取第三等级的平等权利（“市民解放”），而不同于历史上的模式尤其是法国大革命模式，马克思意图进行全社会的革命，其目标不仅是在社会层面解放作为公民的人，还要解放人本身——作为人的人（“普遍的人类解放”，allgemein menschliche Emanzipation）。

马克思所想要进行的人类社会革命，相当于对现有国家—社会秩序进行全面改变（“否定”，Negation），而早期马克思就已经将人类社会革命转移到了一个社会阶层（“阶级”，Klasse）——它处于市民社会的边缘地位，因而离市民社会特有的物质价值观最远（“否定私有制”，Negation des Privateigentums），这个阶层就是工人（“无产阶级”，Proletariat），他们除了劳动力外没有任何其他财产。根据马克思的评价，这个阶层的关切不是由特定利益决定的，而是绝对基本的，应被视为普遍的人的关切。但在革命的早期方案中，马克思还设想由理论特别是哲学来指导即将到来的巨大变革的社会承担者（无产阶级），并且是以一种先锋的风格。

对劳动尤其是雇佣劳动的关注，使马克思早早地与费尔巴哈的人类学思考形成了对比，后者关注的是如是的人，而不考虑他的社会地位和功能，并且通过援引身体、爱和激情，突出人的存在的审美、感情的维度，而非实际活动的、实践的维度。此外，马克思一开始就关注人，人通过劳动和生产使大自然及其他人可以为他所用。一般来说，马克思认为斗争和冲突是社会生存的标志（“阶级斗争”，Klassenkampf）。就此而言，马克思的人的形象并非受费尔巴哈，而是受到了黑格尔的影响，在黑格尔看来，逻辑上的矛盾和现实中的对立属于国家和社会中不可避免的发展条件。

马克思对费尔巴哈批判性阐释的高峰是《关于费尔巴哈的提纲》，其中的一系列批判共有十一条，最终汇结成对最后一条提纲的批判。根据这一点，哲学家们只是以不同的方式解释世界，而重要的是改变世界。马克思的总体诊断是，费尔巴哈的唯物主义仍是理论的、处在冥思中的，而它应该变成实践的、活跃的。这一诊断靠着最后一条扩展到了“哲学家”整体。在马克思简洁的表达中，人们所宣传的实践是属于新的、以应用为导向的哲学，还是已经属于超越了单纯哲学、涉及革命的实践政治，这一点尚未有定论。

早期的马克思以首次社会经济分析和关于社会变革的唯物主义历史哲学构想，铺就了从黑格尔和费尔巴哈之后的理论到社会性问题和社会革命背景下的实践之间的道路，其重点是日益工业化的现代性的劳动组织问题。马克思认为，一般而言，人是一个生产者，通过体力劳动和脑力劳动，自己创造生活的物质文化环境。整体来看，劳动在马克思那里是人类社会生产和再生产的主要媒介。通过这一评判，马克思用以生产为标志的劳动人类学取代了传统哲学对认知（理论）和行动（实践）的优先选择。

但是，马克思早期分析的重点并不是追求人生存的尊严和质量的如是劳动，而是现代商品生产条件下的劳动，特别是工业中的雇佣劳动。在马克思看来，这种劳动的主要特征是，从将人现实化的源始功能逆转成了衰败形式。劳动不再服务于现实化，而是成为人外在的、陌生的东西（“异化”，Entfremdung）。

马克思通过现代的雇佣劳动（“异化劳动”，entfremdete Arbeit），将人实质上的异化分为四个阶段。首先，在雇佣劳动条件下，人与他的产品相异化了。雇佣劳动者从自己身上创造出了不属于他的东西。其次，异化就存在于如是的雇佣劳动中。生产是在结构和现实都很糟糕的环境下进行的。再次，雇佣劳动使人与他那作为生产—再生产者的、系于劳动的本质（“类本质”）相异化。在这样的环境下，人的真实能力就会衰退。最后，雇佣劳动使人彼此异化。真正的人际关系会被抽象的商品交换包括劳动商品所取代。

但早期的马克思并没有停留在对诸种异化形式令人

印象深刻的理解上。下一步，他着手重建了总体上发生社会异化的条件。然后，他又转向了这样一个问题，即所有形式的异化在什么条件下能够被消灭。马克思对异化劳动的社会现象做出了全面的批判性评价，但并不对某一弊端进行道德抵制或为废除该弊端而进行道德呼吁。在马克思看来，异化劳动是整个社会的现象，其结构性原因超出了个别参与者的责任（或不负责任）。

对马克思来说，对异化劳动进行理论分析和实践批判的合适工具不是关注个体的作为和舍弃的道德哲学，也不是关注社会关系法制规范的道德哲学。确切地说，马克思在以其社会唯物主义为基础的历史哲学（“历史唯物主义”）中，发展了他对现存社会的批判理论。从这个视角来看，以劳动为特征的人类社会被证明是以生产技术为形式的物质性力量（“生产资料”，Produktionsmittel）的成果，而物质性力量表现为占有（Besitz）和所有（Eigentum）的非物质关系（“生产关系”，Produktionsverhältnisse）。

但是，在马克思看来，物质基础（“基础”）和文化表现（“上层建筑”）之间的关系不是一成不变的，而是动态的、充满冲突的、兼具破坏性和建设性的（“阶级斗争”）。旧的社会秩序变得过时，直至最终消亡，因为基于旧秩序的物质环境（主要是生产技术手段）被新的、带来其他社会秩序的环境所取代。早期现代性的市民阶层及其基于资本投资和资本积累的经济秩序（“资本主义”）取得胜利后，马克思唯物主义的历史哲学为不远的未来设想了一场社会性革命，它与工业革命相对应并由工业革命产生（“无产阶级专政”，Diktatur des Proletariats；“社会主义”，“共产主义”）。在后来主要以经济为导向的著作中，马克思对资本主义经济体系及其社会政治后果进行了批判，并对早期历史哲学做了补充。其作品的这个部分内涵丰富，就其在政治经济方面的效应而言，它不属于 19 世纪；而就其论证方式而言，它又不属于狭义的哲学。

第九章

平等哲学：阿历克西·德·托克维尔

平等使人们相互独立，让他们养成了习惯和偏好，在各自的行为中只遵循自己的意志。

——托克维尔《论美国的民主》(1835)

阿历克西·德·托克维尔（1805—1859）出身于诺曼旧贵族。他在巴黎完成了法律专业的学业（1826），起初在凡尔赛法院工作。此后余生中最重要的一件事是，他和朋友古斯塔夫·德·博蒙受政府委托，一起在北美待了9个月，考察年轻的美国的刑法制度（1831/1832）。托克维尔后来还进行了类似的考察之旅，去了爱尔兰（1835）和阿尔及利亚（1841、1846）。他和博蒙一起撰写了政府要求的美国监狱体系相关报告（1833）。当他待在这个年轻的国家时，有意与来自各群体、各阶层和信仰不同宗教的人接触和对话，后来他把这些内容独立整理出来，形成一部关于（北）美洲公民社会内容丰富的著作 [《论美国的民主》（*Über die Demokratie in Amerika*），1835 年初版，1840 年第二版（增订版）]。

这部作品引起了人们的极大关注。托克维尔成了荣誉军团骑士（1837）、法兰西学院成员（1841），转身投入政治。他持续连任国民议会的议员（1839—1851），先是在七月王朝，接着是在第二共和国。他还曾短暂担任过第二共和国的外交部部长（1849）。在拿破仑三世发动政变（1851）期间，托克维尔曾短暂入狱。政变结束后，他不再积极参与政治，但仍是准确的观察者和敏锐的分析者（《回忆录》，1893，死后出版）。在生命的最后阶段，他还在自己早期论文（1835）的基础上出版了第二部代表作《旧制度和大革命》（*Der alte Staat und die Revolution*，1856），来研究法国绝对君主制和激进革命之间的结构性关联。

托克维尔作为他那个时代政治现实的批判性分析

者，为 19 世纪的哲学做出了贡献。他对现代国家和社会的阐释既有独创性，又有影响力，成为政治哲学的一个分支。他的阐释将详细描述与概念性表达结合起来，还经常进行比较。这种以分析—比较的方式来对政治问题的考量，是系统进行的，但不采用某个体系的外部形式。这种考量方式的主要代表是古希腊亚里士多德和让·博丹［《国家论六卷》（*Über den Staat*），1576］，国家主权的概念就可以追溯到博丹；而在近代早期，在欧洲启蒙运动的高峰期，这种方式的主要代表是孟德斯鸠［《论法的精神》（*Vom Geist der Gesetze*），1748］，他教人们在特定社会现实的彼此依存中去看待一个国家的法律—政治秩序。

托克维尔直接沿袭了孟德斯鸠对（政治）国家和（市民）社会相互关系的关注。在关于美国民主的代表作中，他只是浅显地讨论了政治的概况。托克维尔体系的兴趣在于通过民主精神塑造现代社会。对他而言，北美是关于国家和社会中现代生活的实验室。托克维尔将他在美洲大陆的观察之旅视作西方世界的未来之旅，他认为已经可以在欧洲发现这种迹象了。

对托克维尔而言，民主首先不是一种执政方式，而是一种社会形式，即现代社会中正在铸造的形态。托克维尔认为它是由美国大革命引入的典范。以当时的视野来看，民主是一个有争议的概念，与古代雅典的直接民主相关尤密。美国大革命的理论家和美国开国元勋中，一边支持立足于地方和区域的人民主权（“民主党人”），一边支持强大的中央政府（“共和党人”），民主这个概念也是持各种立场的人之间政治哲学论辩的主题。

托克维尔将民主的国家形式和社会形式视作市民平等的原则。从字面上看，这个原则包括所有国家公民的平等权利和义务；在精神层面，它包含跨越了经济、文化、智识和宗教差异的社会平等地位。因此在托克维尔看来，一个原则上民主的国家是这样被构造起来的，即所有相关生活领域都以平等的状况为特征（“条件的平等”，Gleichheit der Bedingungen）。托克维尔认为，与平等主义的社会秩序相对立的，是一种基于多种等级划分的社会秩序，从政治来看，它是以贵族方式而非民主方式构建的。

按照托克维尔的评判，年轻的美国让人们以一种典范的方式去研究平等原则，为革命以后进入现代性的国家和社会带来普遍而广泛的影响。但是，在对美国状况进行政治哲学分析时，托克维尔并不关心将旧欧洲的贵族社会与新世界的民主社会进行类型学层面的对照。相反，对美国状况的分析是要人们对当时欧洲的国家和社会制度中的民主成分和方法看得更清楚。于是，托克维尔概念性和对比性的分析完全超过了单纯的描述，具备评价和判断的特征。但他对社会—政治现象的评判不是片面的、带偏见的，而是经过了仔细考虑和高度反思，并从全面的政治—哲学视角来看待。

托克维尔对美国的民主和欧洲的民主进行了隐含性的比较，为之采用的方案源自对当时流行的多种政治—哲学立场的双重拒斥。托克维尔不是革命党人，旨在彻底颠覆社会和政治关系。在此，托克维尔在法国大革命的意识形态和政治过激态势（包括拿破仑的新恺撒主义）中只看到了破坏和专制。托克维尔也不支持复辟，回到革命前的状况——他认为这已经被扫入历史的故纸堆了。

居于革命和复辟之间的第三条路将托克维尔的视线拉到了美国和欧洲之上，这条路的特点是将自由概念作为国家和社会中的原则和目的。在这方面，托克维尔沿袭了孟德斯鸠的世界历史考察。社会—政治目标包括使居于公正法律之下的臣仆拥有一种不受干扰的生活，孟德斯鸠曾就这一点对政治统治的诸种形式做出评价。英国在光荣革命（1688）后，实行了堪称典范的君主立宪制，孟德斯鸠认为它为政治自由和市民自由做了担保，而托克维尔则探讨了以民主方式建构和规划的美国的政治—市民的自由潜能。

托克维尔认为美国民主秩序的法治—政治核心在于人民主权学说，可以追溯到卢梭的思想。人们最初彼此处于前国家或非国家的关系中（“自然状态”，Naturzustand），达成了共同的协定，由此构建的集体并不知道由国家所认可的诸社会差异，而仅知道市民的平等。但对托克维尔而言，比社会平等的理论创建更重要的是，民主的社会状态早在殖民时代就已存在。托克维尔认为，东海岸的殖民地由于其形成历史，在地方层面从一开始就是以民主方式建构的，殖民者彼此拥有实质的平等，尽管英国人居于领导地位。

法国大革命针对的是制度上的不平等和不自由，当然必须同时赢得平等和自由。与之不同，托克维尔认为美国革命从一种业已存在的社会平等出发，而后反对政治不自由，从而由社会层面延伸到政治层面。按照托克维尔的评判，美国人民之间的平等，其意义如此巨大，甚至相较于不平等分配的自由，他们更愿意是平等分配的不自由。按照托克维尔清醒的评判，美国民主社会的平等秩序是所有人——或不为任何人——的平等权利。

在进一步描述作为统治形式的美国民主的特点时，

托克维尔追溯到了共和主义的政治传统，于是当一个集体（“共和国”，res publica）不被他人统治而由其自身治理时，那它就是自由的。按照托克维尔的总结性话语，在民主共和国或人民共和国中（区别于贵族共和制国家），政治上团结的全体人民（“国民”）对他们自身产生影响。孟德斯鸠还曾以全球的国家历史为指导，否定了在一个领土不断扩张的国家进行民主—共和构建的实用性。对托克维尔而言，美国是孟德斯鸠观点的一个反面例证，证明在进步的现代性中，全新样式的国家结构和构建将成为现实（“新社会”）。

但如托克维尔所强调的，在美国民主中，人民对自己的统治不像雅典式的直接民主，它不是直接的，而是间接的、通过代表的，或者说是代议制民主。这适用于民主地进行权力实施的全部三个领域：立法权、执法权和司法权。一切统治和权力如果不由人民来实施，那就“以人民的名义”来实施。为明确存在于民主社会秩序中的整个变革程度，托克维尔比较了现代政治世界中人民的权力地位和超然于宇宙的上帝的绝对统治。

托克维尔所强调的美国民主的另一个创新是联邦宪法，它对其他国家和地区有借鉴意义，它允许繁多性、多样性与统一性相协调。以前各殖民地区之间只是松散地联系在一起，托克维尔将这些前殖民地区的紧密联合视作在美国建国的阶段，各州之间民主的党派与中央的、本质上共和的党派之间存在有益妥协。但是，托克维尔也写下了东北地区与南方之间的经济—社会对立，前者以从事贸易与手工业的中产阶级为特征，后者以庞大地产和种植园经济为特征。由于新近进一步的西进运动及西部的小农经济形式，这种对立还在不断增强。

托克维尔认为，国家不同地区的团结首先归功于其在外交和经济上彼此依赖。但根据托克维尔的分析，最重要的是联邦通过社会平等这一共同的公民精神，将地方的差异和分歧包容并蓄。由此被赋予本质上的一致性（“感觉的平等”，Gleichheit der Gefühle；“观点的相似”，Ähnlichkeiten der Meinungen），也搭建起了非正式的框架，在此框架下，持续的发展、扩张和移民得以在持续的社会—政治统一中进行。但是，在托克维尔看来，联邦可能的断点已经存在于地区之间尤其是南北方之间的对立中，首当其冲就是奴隶问题。因此，托克维尔认为，从长远来看，比起形式上得到确立的联邦宪法，民主基本观点与共和思想形成了一个更强韧、更耐久的统一纽带。

托克维尔先是研究了民主国家形式对美国社会的影响，紧接着转向研究社会平等化对民主式构建的国家中政治生活的反作用。他思考的重点是一个市民平等的社会中自由的地位，而在这样的社会中，人民通过其代表对自己进行统治。一般而言，托克维尔指出社会平等带来了独立。在一个真正的民主社会中，没有个人或团体持续占据显要位置，能让其他人或团体保持依赖。

基于以平等为条件的、作为独立的自由，托克维尔给出两种政治情况：失去统治的状态（“无政府状态”，Anarchie）因此而来，即自由将导致失序；一种新的依赖（“奴役”，Knechtschaft）随之登场。后者是民主条件下的专制主义威胁，托克维尔认为这是现代国家更大的危险（“民主国家的专制主义”，Despotismus der demokratischen Nationen）。

民主会危及自由，因为民主社会的平等特征会使单独的个体看起来无足轻重和软弱无能。相反，以国家机构形态出现的诸个体组成的集体，代表着获得的权力和影响力。托克维尔注意到，强化了的国家权力不仅包括对一般社会状况的管理，还越来越多地触及个体的私己生存。他认为，国家不断扩大和增强的影响力之所以得到普遍接受，是因为个体了解凌驾于他们之上的国家政权和威权的民主源头。

在现代民主国家所特有的社会平等条件下，按照托克维尔的评判，还缺少有政治分量的社会机构和组织，可以作为国家中央政治威权和个体之间的缓和剂和调节剂。此种调解机构通过削弱国家凌驾于个体的直接权力来保护归属该机构的个体，托克维尔在大革命前的各阶层和同业公会中，特别是在一个相比于君主也很强势的贵族社会中，已经发现了这样的机构。托克维尔认为，缺乏这样的中间权力导致了民主个体对民主国家的直接依赖。尽管如此，托克维尔清楚地看到，旧的、大革命前的国家社会状态已经一去不复返了。

现代的、民主的个人主义将个体从既定的束缚与固定的从属关系中解放出来，在托克维尔看来，它劣势的一面就是在政治上的边缘化，这种边缘化也存在于个体在定期的政治行为中履行其作为选民的职责这一过程中（选举）。所以，按照托克维尔的判断，为了迎来今后的欧洲民主（“平等时代”，Gleichheitszeitalter），任务就是实现市民平等条件下的市民自由。作为推动自由的民主的主要担保人，托克维尔提到了新闻自由和个体之于国家及社会的法律保护。此外，他还强调了有公民意识、有政治有效身份的个体在旧贵族阶层（“贵族显要”）的功能性延续中所起到的重要作用。通过这种延续，精英分子进入了托克维尔所构想的自由民主政体。

第十章
孤独哲学：亨利·戴维·梭罗

我走进森林，因为我希望审慎地生活，只面对生活的本质事实，看看我能否学到生活要教导我的东西，以免临死之际才发现我没有生活过。

——梭罗《瓦尔登湖》(1854)

亨利·戴维·梭罗（1817—1862）生于美国东北部马萨诸塞州，家境普通。他差不多在新英格兰地区度过了整个一生。结束哈佛大学的学业（1833—1837）后，他回到了家乡康科德，在那儿（有时也在纽约）当中学教师和家庭教师（1837—1844）。接着，他去了父亲的铅笔厂工作。从 1845 年到 1847 年，他在康科德附近某个小湖畔的一座简易木屋里过起了隐居生活。后来，他根据这段时间的日记编辑成了他最著名的出版读物：《瓦尔登湖》（*Walden oder das Leben in den Wäldern*，1854）。他因为拒缴一小笔税款而遭短暂监禁，这成为他发表关于公民不服从的演讲（1848）的动因，这篇演讲于次年印刷出版。和家人一样，他也投身于反奴隶制运动（“废奴主义”，Abolitionismus）。在生命的最后几年里，他做着土地测量的工作，并更多地转向当地的植物学和生态学，文学创作也是如此。梭罗的哲学遗产是他 24 年里手写的大量日记和笔记，共有 47 本，这些日记和笔记也越来越带上作品本身的特点。

早在学生时代，梭罗就受到了 19 世纪初新英格兰地区精神改革运动的影响，这场运动是关于超验主义的，与宗教、哲学及文学的主题和媒介结合在一起。超验主义者向革命后消弭了种种差异的美国社会宣扬一种智识上的反文化。在宗教上，他们倾向泛神论，在自然物中发现神性的东西；在文学体裁上，他们更青睐散文，能结合思想深度和通俗表达；在哲学上，他们接近于观念论，认为世界是从自身开启的。

超验主义接受了康德及其观念论继承者两方面的构想，一是关于人与自然之间的严格相关性，二是关于人的主观性对自然的深刻影响。超验主义接受了浪漫主义对自然的思考，将自然在宗教上拔高为内在世界的绝对者。梭罗和该运动的主要代表人物拉尔夫·沃尔多·爱默生（1803—1882）结下了多年的友谊。但是，在梭罗那里，超验主义者自然化了的宗教被一种自然观所取代，这种自然观关注感官上可经验的事物本身且被看作其自身，并赋予其意义。

对人类生存的评价方面，梭罗也有别于爱默生。爱默生支持对主要贤哲的精英崇拜，其中包括柏拉图（“哲学家”）、莎士比亚（“诗人”）、拿破仑（“世界伟人”），还有歌德（“作家”）。相较于高度推崇杰出人物及英雄般的存在，梭罗更关注默默赋予生命意义（特别是在日常生存中）的精神，日常生存因而也成为一个领域，在此间，于看似惯常的事务中培养一种有意识被深化的生活。

梭罗的典型看法是，与自然的精神交往就是准确观察与对自然事物各自现实性的原初同感的联结。因此，梭罗在笔记和论述中将自然科学和自然诗意结合起来。在文学上，梭罗的思想风格和写作风格在分析性杂文、诗性散文、散文式说明文之间变换。在哲学上，梭罗对本己的自我进行针对性反思的同时完全沉浸于外部对象，只有在抛开本己的自我时，外部对象的本质才对他显露。

对于通达自然的路径，梭罗既做对象性的理解，又以同感的方式进行衡量。该通达路径的一个重要样板是自然科学家亚历山大·冯·洪堡（1769—1859）的旅行记录和世界描绘。但是，洪堡描绘和研究的主要是热带的自然现象，而梭罗则完全专注于他出生地和居住地的周遭环境。于是在他智慧且清醒的目光中，日常事物的意义、惯常事物的分量显露出来。梭罗认为，从本质上看透最切近的事物，这样一种看的前提是专注和坚持。对事物的感知不是被动、自动进行的，而是精心赢得的实践结果，这些面向诸事物的实践经过特意练习并针对性地执行。

1859 年达尔文的著作《物种起源》出版，次年梭罗就知道了这本书并予以赞赏。读过该书后，他的博物学观察和记录有了越来越科学的特征。达尔文进化论认为，物种的形成遵循生存斗争中的自然选择原则。梭罗原先把自然看作一个关于规律性和秩序结构的封闭系统，但在进化论的影响下，他的整个自然观发生了转变，对隐而不显的自然演进大戏持动态看法。自然演进的特点是不断的争斗和衰退以及持续的更新和创新。

对梭罗而言，考察本己自我与理解自然世界的紧密联结，构成了哲学工作的日常实践。对他来说，哲学不是学术事务或科学学科，而是苏格拉底关心正确生存方式这一传统中的生活方式。但不同于苏格拉底所示范的放弃自然研究而转向投入伦理并参与政治，梭罗的哲学生活是在特意隐居于自然并退出公共生活的状态下进行的。

梭罗在哲学上更倾向私人事务而非公共事务，他支持一种非政治的政治，以怀疑和不信任的态度对待当时社会的形式规范。就像以前的叔本华、克尔凯郭尔和后来的尼采，在梭罗看来，现代生活的特点是精神贫瘠并执着于物质的东西、鼠肝虫臂。对梭罗而言，只有有意退出社会，生活才能从社会机制和公民约定中解放出来，并为人类生存的核心问题做好准备。梭罗认为，对一个本己的、本真的存在者而言，决定性的刺激和影响不是在同其他人类社会成员的交流中形成的，而是在自然万物的沉默互动中形成的。按照梭罗的观点，只有对其本己的现实性之经验才能把人带到他自己面前。

梭罗关注异于社会的个体和区别于公众性的个人

性，他在理论上和实践中都支持个人主义的哲学立场，把真正人类生存者的意义和目的置于单个的人的独立性和自主性，而非与同类的共同体中。对这一立场的命名和描述可以追溯到爱默生的“自助”（self-reliance），爱默生希望让独立自主的个体从社会生活中的一致性突显出来。但和梭罗一样，爱默生现实而坚定的个人主义深深根植于美国的迁居史和建国史，其特点是对政府——首先是英国政府，其次是他们自己的政府——持怀疑态度，将治理等同于家长制。

梭罗将他的世界文学杰作《瓦尔登湖》献给了远离社会的生活，在自然中生活，与自然共生活。这部充满诗意和哲思的散文，背景是作者在康科德附近的瓦尔登湖畔整整两年的安居。梭罗在那儿造了一座小木屋，里面只有一间房，几乎没有家具。他在四季的自然节奏中安度时光，探索身边的环境，记录他的经历和思考。他的笔记内容详尽，既有自我审视，也有自然描绘。他对当地动植物有细致入微的描写，也对自我和世界进行了广泛的反思。

梭罗没有为他的生活哲学“实验”而去往未经开垦的荒野，他在身边、在熟悉的东西中，寻找陌生的、隐藏的东西。他也不充当征服者或发现者的角色，而是自视为探索者和考察者。此外，居于林中期间，梭罗并没有切断与人类社会的联系。他常常接待朋友和熟人的探访，也有陌生人因好奇和兴趣而来。最后，他还定期回到康科德，也会把衣服带回去让人洗。

人们可能认为梭罗的所作所为存在不一致，但这正揭示了他实验性的森林生活（最初就计划是暂时的）背后的深层意图。在穿越自然的过程中，他希望想一想他与自身、与人类的关系并重新进行整理。梭罗不是作为出于仇恨和蔑视而逃避人类社会的厌世者来思考和行动的，而是作为人类社会的批判性思想者，孤独对他而言是一种认知手段。

借着进行彻底的自我认知的意图，梭罗的《瓦尔登湖》站到了有关自我与世界的沉思的哲学传统中，这种传统从马可·奥勒留一直延续到笛卡尔。通过与社会生活实际保持距离，自我确证的事业融入了时代批判的特点，梭罗因此位列现代生活的分析学家和批评家行列。在梭罗看来，替代以习惯和舒适为特征、局限于商业和消费的生存，另一种选择是按照人类尊严和人权的道德衡量标准，以个人独立的方式过一种简单的生活。

但对梭罗而言，其自我探索和世界探索之伦理后果，不仅仅包括人们彼此之间公平且负责任的交往中的人际道德。伦理个人主义的严格道德要求还涉及个体与国家之间的关系。虽然梭罗不同于同时代的欧洲人，他已经在一个按照市民自由和平等的原则建立并有效运转的民主政体的视野中思考和行动了，但是他看到了普遍的危险，即大众主权者的决定和行动是非道德地进行的。梭罗特别批评了 19 世纪早期美国的政治—社会现实中的奴隶制和对墨西哥的战争。

然而，梭罗对政治和社会的批判并不局限于对眼下现实的不满，而是面向一般情况，从根本上提出依据。在梭罗看来，国家本身（包括民主国家）都对其公民的个体自由造成了威胁。因此他认为，最好的政府就是管得最少的政府。在关于个体自主和个人独立的坚定的伦理学基础上，梭罗发展出了一种对国家和社会的观点，这种观点突出并优待单个的人，但也将其置于高度的生存和伦理要求之下。

梭罗对国家的普遍怀疑和对政府的具体批评在理论上表现为“公民不服从”概念（civil disobedience）。梭罗主张和宣扬“对公民政府的抵抗”（resistance to civil government），这基于他所认为的个体道德义务之于公民社会法则和实践的规范性优先地位。在政治违背道德的情况下，梭罗支持并呼吁人们自愿违背一切不道德的国家指示和命令。他眼里市民抵抗和公民不服从的办法中，最特别的是拒绝缴税，因为国家用税款为被视作不道德的措施和机构提供资金。

国家和社会对拒缴税款这一违法行为的惩罚，比较典型的是监禁，梭罗不仅接受这一点，甚至表示欢迎。在他看来，谁要是出于道德原因违反国家法律并被判刑，即使坐牢也是自由的，至少比那些通过纳税而成为不道德政治支持者的人更自由。后来的非抵抗主义社会革命家，特别是圣雄甘地和马丁·路德·金，都接受了梭罗关于道德正当违法的想法。

梭罗在个体道德意义上对国家和社会的批评，可以在 19 世纪欧洲的无政府主义（巴枯宁）中找到另一种共鸣。无政府主义拒绝甚至反抗任何形式的国家统治，甚至不惜动用暴力和恐吓的手段。自由主义的政治—哲学立场可以追溯到 19 世纪，主张加强个体对政治组织和市民社会的对抗，但它也可以在梭罗的思想中找到先在例证。甚至自由主义从有利于个体发展的一般自由行动的立场收紧，变成自由主义者对于将主权个体与战略上被削弱的国家划清界限的执着，这一点也可以参见梭罗的伦理个人主义。

第十一章
社会哲学：奥古斯特·孔德

实证主义有圣言云：以爱为原则，以秩序为基础，以进步为目标。

——孔德《实证政治体系》(1851—1854)

奥古斯特·孔德（1798—1857）生于法国外省的一个小市民家庭。他在巴黎综合理工学院学习（1814—1816），后来偶尔在那儿教学，但没有获得想要的教授职位，接着又去了蒙彼利埃大学。在巴黎，他给社会改革家圣西门当私人秘书（1817—1824），在两人分道扬镳之前一直以圣西门的学生自居。孔德的哲学代表作《实证哲学教程》（*Lehrbuch der positivistischen Philosophie*, 1830—1842）体量庞大，共有六卷，是在艰难的个人处境中写就的。他自己对该作进行了纲领性概述并予以出版，即《论实证精神》（*Rede über den Geist des Positivismus*, 1844）。在另一大部头著作《实证政治体系》（*System der positivistischen Politik*, 1851—1854, 共四册）中，孔德探讨了他那进步的哲学在政治上的实施。

孔德的哲学作品围绕着两个核心概念：社会学和实证主义。这两个概念至今仍在使用，但其含义发生了很大变化。当孔德把他哲学的主要部分称作社会学时，他指的不是相对较新的同名学术学科。此外，当他宣称他整个哲学工作是实证主义时，这也不意味着其哲学在方法上局限于经验性被给予的东西，就像 20 世纪初一个颇有影响力的哲学流派（维也纳学派）那样。为更好地区分两者，后者也被称为“新实证主义”。

孔德创造了社会学的概念，用以表述一个有待新建的哲学学科，它对以各种形式显现的社会进行科学把握，从而就现代科学迄今为止对自然的关注做出了补充。孔德百科全书式的科学体系首先包括广义上的五种自然科学（数学、物理学、天文学、化学和生物学），其中，人基于自然的灵魂生活现象也将被讨论。然后，孔德的体系将人类文化成就剩下的整个领域分配给新创建的社会学，与人文科学（稍后出现的另一个术语）的范围相吻合。

但孔德并不主张既有的自然科学与新建的社会学之间有方法论上的对立。相反，他把社会学构想为自然科学的方法与步骤向社会领域的延伸（“社会物理学”，soziale Physik）。孔德社会科学的计划也不仅限于建立社会法则。甚至比起孔德主要以实用主义视角重建的自然科学，社会学通过关于社会运行方式的知识，应该更有助于推动社会发展。

关于人类社会通过科学尤其是社会学实现优化，孔德观点的中心范畴是进步。在那个时代，几乎没有其他哲学家能像孔德那样表现出对现代科学不可动摇的信仰，认为它是改善、完善一切人类生活状况的工具和动力。孔德的工程学学术背景和自然科学取向也使他对科学怀有工具性的基本理解，即认为科学知识是面向应用的、与实践相关的。这更适用于他设想的关于社会的新科学，其对象是变化不定的人类机构，这些机构也可以是规划和设计的对象。对孔德而言，他设想的社会学相当于社会技术。

孔德关于现代社会严格科学的设置是基于一种历史

哲学的方案，它使过去、当下和未来都遵循一个受法则约束的过程。对孔德而言，历史发展不受制于任何上升或下降运动形态的连续曲线，也不会按照完美的初始状态、其后衰落、最终返回到原始状态的模式，遵循戏剧性的顺序。相反，他认为人类历史的典型进程是由一系列阶段组成的。

孔德借鉴了历史进程结构化的早期尝试，特别是苏格兰启蒙哲学以及法国启蒙运动学者杜尔哥（1727—1781）的观点，将人类一般的社会—文化发展划分为几个主要阶段（Stadien）。亚当·斯密（1723—1790）和约翰·米勒（1735—1801）曾将人类划分为四个发展阶段，它们首先以所有制关系相互区分，并经历了一个封闭的曲折发展：从狩猎文化经畜牧文化到农耕文化，最后到商品文化。人类发展在经历原始、畜牧、农耕等文化形式后，在当时商品社会的文明成就中达到高峰。

孔德接受了历史进程的阶段化模式，但将其简化为三个阶段，而且这三个阶段不再在社会经济学意义上被定义，而是从精神—文化视角得到阐明。孔德将这三个阶段的先后顺序理解为各种人类发展过程的通用模式，适用范围涵盖了从全球人类历史的划分到某种特定科学的发展进程。这些阶段按照升序排列分别是神学阶段、形而上学阶段和实证主义阶段。

从孔德所选用的名称可以看出，这些阶段普遍是在认知层面上被构想的，反映了各自阶段对世界及其本质的思考水平。

在第一个阶段，世界以神学的方式被解释——诉诸超自然的实体。后来经过改进的见解，特别是第二、第三阶段的观念在评价性的视角中得到了反映，从该视角来看，第一阶段对世界的理解似乎是基于想象力（“想象的”，imaginär），因而是虚构的。孔德还详细地区分了神学—想象初始阶段的三种类型：物神崇拜、多神崇拜和一神崇拜。

第二阶段与传统哲学阶段基本吻合。作为时间上大为拉长的中间阶段，它对孔德而言代表着一种相比于神学初始阶段在认知和文化上的巨大进步。不过根据他的评价，第二阶段仍比属于第三阶段的见解和制度落后。孔德站在优越的第三阶段视角，根据第二阶段的主要对象而将其描述为“形而上学的”和抽象的对象，这些对象不同于第一阶段的想象产物，而是源自理智的。此外，当他把第二阶段的认知模式描述为“思辨的”时候，他是在批判以形而上学为导向的传统哲学在原则上对现实性的疏远，这种哲学除了纯粹的思考之外，忽视了自然与经验。

最后的第三阶段以孔德自己的终极哲学成就为开端，被指明为“科学的”，并将之前两个阶段的所谓见解归入非科学的和伪科学的认知努力之范围。孔德还用“真实的”（real）一词来描述第三阶段，该词标志着科学的阶段与前两个阶段想象和抽象的世界之间的差异。孔德为他的未来哲学冠以“实证”（positif）之题，并最终以这一基本术语的五种含义来解释。首先该词标明了事实的东西与单纯想象的东西之间的对立。其次它标志着有用的东西与多余的东西的对立。再次，它表明了确定性的东西与仍未确定的东西的区别，以及确切的东西与模糊的东西的对比。除了该词这四种偏认识论的基本含义外，孔德还为这个概念增加了系统架构的意义，区别于单纯消极因而是解构性的思考，它具有建构性、组织性的特征。

但是，孔德进步的哲学并未限于科学哲学以及随之而来的实证科学。相反，他的哲学从一开始就打算成为政治哲学，以科学基础上的社会进步为目标。从这个视角，孔德新的主导科学社会学具有（社会）人类学的特征。在孔德那里，社会性的东西与人类性的东西是相伴而生的。社会学的目的是对社会进行彻底改革。

孔德有意使严格的科学基础与具体的社会执行相结合，他为这种结合选了一句标语——“秩序与进步”。直至今天，该短语的葡萄牙语译文仍是巴西国旗上的一句格言，持续地提醒着世人孔德科学实证主义对 19 世纪后半叶社会和政治思考所产生的巨大影响。只是 20 世纪的政治哲学和意识形态（从自由主义民主到左右翼极权主义）使孔德讨论政治的科学意识形态的实证主义被遗忘了。

孔德对社会人做了科学—政治把握，它的秩序威权的维度很早就引起了关注。约翰·斯图尔特·穆勒完全赞赏孔德思想的知识论成就，但批评这些打算通过社会技术来实现思想的计划是不自由的，并最终因孔德的后期哲学与之决裂。孔德的后期哲学试图将实证政治与一种新的宗教（“人类教”，Religion der Menschheit）结合起来。孔德思想的第二个阶段实际上是徒然无用的，它描述的是一种对科学史和文化史的好奇。在该阶段，实证哲学的标语增加了一个感情的维度（“以爱为原则，以秩序为基础，以进步为目标”）。在晚期孔德的身上可以看到他与费尔巴哈的并行，被一种针对社会问题（“无产阶级”）的社会科学所补充，会令人想起马克思。

第十二章
个体哲学：约翰·斯图尔特·穆勒

天才之士据其定义就比其他人更具个性——因此也就更没能力适应极少数模子而不遭受禁锢的身心痛苦。这模子是社会为避免其成员努力形成各自的性格而准备的。

——穆勒《论自由》(1859)

约翰·斯图尔特·穆勒（1806—1873）是苏格兰哲学家詹姆斯·穆勒之子，得到过父亲的亲自教授。在伦敦大学学院结束学业后，他进了英国东印度公司工作（1823—1858）。1865—1868 年间，他在圣安德鲁斯大学担任校长，在此期间还代表自由党参加了英国下议院。他的政治目标是让妇女获得选举权以及强化工会的作用。奥古斯特·孔德对他的思想有比较大的影响，两人有频繁的信件往来。

在早期的科学哲学工作［《逻辑体系》（*System der Logik*），1843］之后，他与妻子哈瑞特·泰勒·穆勒（1807—1858）进行了密切交流，写出了关于个体自由［《论自由》（*Über die Freiheit*），1859］和妇女问题［《妇女的屈从地位》（*Die Unterwerfung der Frauen*），1861年完成，1869年出版］的基础论文，随后他阐述了一种功利主义的伦理学［《功利主义》（*Utilitarismus*），1861年以系列文章发表，1863年以图书形式出版］。穆勒其他的哲学工作，包括国民经济学［《政治经济学原理》（*Grundsätze der Nationalökonomie*），1848］和政治哲学［《代议制政府》（*Erwägungen über repräsentative Regierung*），1861］。尽管穆勒对非形式逻辑和科学哲学做出了重大贡献，但他工作中最具影响力的部分是实践哲学特别是伦理学和政治哲学领域。在这两个领域中，穆勒以杰出先辈的工作为基础，对功利主义的道德哲学立场和自由主义的政治—哲学立场做出了独创性的阐释。此外，他在这两个领域采取的立场是系统性关联的。

穆勒借功利主义主张一种关于诸种行为评价之基础，尤其是关于行为道德品质的一般立场。功利主义不同于可以追溯到亚里士多德的古代幸福论，从拥有一种良好生活（“幸福”，eudaimonia）的综合目的来理解伦理的行动；也不同于可以追溯到康德的义务伦理学，将道德性与责任联系起来。功利主义根据行为的有用性来衡量其价值。效用是根据获得愉悦或快乐、避免不愉快或痛苦的情况来评估的。在功利主义计算下，始终都是要让效用最大化。

对一切样式的行为（包括权利和道德）做评论的功利主义，可以追溯到杰里米·边沁（1748—1832），穆勒也曾直接追随过他。边沁将效用原则用到最多数人的最大幸福的公式中，根据获得快乐和避免痛苦的程度，以纯粹量的方式来衡量一项行为的效用价值。效用于是成为评价一项行为正确与否的唯一标准。在道德上，一种享乐主义由此产生，将善与快乐的充盈等同起来。

在穆勒那里，功利主义摆脱了沦为一种量上的享乐主义的境况。穆勒首先区分了高级的快乐和低级的快乐，前者是智识上的和精神上的，通常持续时间较长，而后者更多是身体层面的，往往有效时间比较短。然后，穆勒主张高级快乐较低级快乐具有普遍优越性，而与各自量的情况无关。于是，穆勒认为高级快乐实际上脱离了单纯量的效用计算，因而需要一套自己的评价和判断标准。在穆勒看来，效用的另一种质的形式有其贡献，追求更高级的、精神的快乐有助于人类文化的普遍进步。就此而言，更高的效用面向人类物种进步，这一点已经超越功利主义而指向了一幅全面的人类图景，它是穆勒在其关于人类自由的社会—政治构想框架下发展起来的。

在《论自由》一书中，穆勒提供了一个关于自由主义的奠基性文本，而自由主义的首次创立可以追溯到洛克［《政府论下篇》（*Zweite Abhandlung über die Regierung*），1689/1690］，他将国家理解为保护市民的生命、自由和财产的力量。穆勒基本沿袭了洛克对国家工具性的看法，但不同于洛克，穆勒没有把市民与国家的关系建立在他们的原则性要求（“自然权利”，natürliche Rechte）之上，而是建立在鉴于人类自我完善的普遍任务而就政治状况所作自由主义设计的效用上。

从洛克奠定了自由主义的自然法基础，到穆勒在一种完美主义人类学中为之重新奠基，这一转变反映出另一位重要的自由主义学者的影响，穆勒曾明确引用他当作观点的来源。这里说的是威廉·冯·洪堡（1767—

1835）和他的早期著作《尝试确定国家作用之界限的若干想法》（*Ideen zu einem Versuch, die Grenzen der Wirksamkeit des Staats zu bestimmen*，1792）。在洪堡生前，这部著作仅以选摘的形式出版，但为穆勒所熟知的是1851年出版的完整版。

洪堡的早期著作将国家的有效影响限制在保护市民免受国内外对自由的威胁（“安全”，Sicherheit）的诸机构和措施之内。这一受到限制的国家概念基于一种信念，即国家只是达成目的的手段，且国家的非国家目的在于保障个体的人的自由发展。

对洪堡而言，人注定要独立地培养自己的资质和能力（“力量”，Kräfte）而成为一个个体的整体。洪堡认为，个体的最佳发展一方面需要尽量不受阻碍的发展可能性（“自由”），另一方面需要多变的环境以促进和推动不同的个体实现不同的发展（“情境的多样性”，Mannigfaltigkeit der Situationen）。在洪堡看来，如果国家在管理社会生活中超出了界限，那么代表人类生存终极目的的自由的个体发展就会受到限制甚至会丧失。

通过把人的生活指向个体的自我完善，洪堡讨论了关于自由个体自我教育的人类学，既不同于古代对人在社会中生活进行伦理教育的理想（“德行”，Tugend），也不同于现代社会生存追求以最佳方式实现愿望的方式（“幸福”，Glückseligkeit）。相反，洪堡主张一种个体的完美主义，希望将人从国家的家长式专制（“父权主义”，Paternalismus）中解放出来并使其成为自己生活的独立塑造者。在洪堡看来，自由主义并不仅限于自由和被许可，而是本质上包括一种个体实现自我完善的精神，这种精神就其先决条件和必要条件而言，从始至终都具有精英主义的特征。

穆勒在很大程度上采用了洪堡半个多世纪前所阐述的完美主义—自由主义人类学。但在以英国的特殊状况尤其是19世纪初社会发展为基础的重要方面，穆勒显然与先辈产生了分歧，并决定性地调整了现代自由主义的走向。洪堡观点产生的背景是欧洲大陆主要处于前革命状态（绝对君主制）以及共和制国家政权正在取代君主制（法国大革命）。对于洪堡而言，精英色彩的人文主义关乎拒绝一切样式的国家父权主义和国家统制，包括革命的共和主义及其关于市民德行的公民理想。

相反，穆勒基于一个国度来论述自由，在这个国度里，中央政权几百年来处在有保障的权利（“诸自由”）和类似宪法规章的藩篱之中。穆勒认为，现代个体能够很大程度上将自己从国家专制中解放出来，但在此期间会遭遇另一种威胁和限制自由的权力。按照穆勒的观点，这就是社会，作为同在国家共同体中诸个体之整体的社会。虽然他承认现代社会正是由诸个体构成的，且看重个体通向各自自我完善的自由，但是认为存在一种根本的危险，即社会整体和其中占主导的团体获得了一种凌驾于诸个体的社会权力，完全可以与国家及政府的政治权力相提并论。与国家凌驾于市民的权力相比，社会凌驾于个体的权力可能更温和，更不引人注意，但根据穆勒的评判，就个体的私人领域而言，它更强烈，更具侵略性。

穆勒在他关于个体自由的社会威胁的观点中，赞同托克维尔对民主社会的分析。从社会—政治视角来看，现代民主不仅是一种政府形式，还是一种社会的整体形态。自由与权威的对立长期以来主要涉及统治者与臣民的关系，在托克维尔和穆勒看来，这一旧的对立在现代性中有了新的特征。专制主义的危险在现代民主社会中不再首先来自国家和政府，而是来自拥有民主绝对权力的人民（“多数人暴政”，Tyrannei der Mehrheit）。因此，两人都将自由主义理解为保护现代个体的社会—政治屏障，因为个体在其自由中受到了同类的威胁。

在洪堡探讨了国家对自由个体的影响界限之后，穆勒在他那自由主义的并行工作中反思了社会影响的界限。穆勒在伤害原则（Schadensprinzip）中找到了他要的界限规定：对一个个体使用自由进行社会限制，其唯一有效的理由是这种使用会给他人带来一种威胁性的伤害。在此，穆勒把要避免的伤害理解为巨大的损害，所以类似对他人做批评性言论等消极行为不被纳入其中。为自由之限制辩护的伤害原则也不适用于某人对自己造成的伤害，除非这种伤害也会间接影响到他人。因此，穆勒规定了绝对父权主义的措施以应对未成年人可能的自我伤害行为。穆勒还将自愿放弃自己的市民自由（“自我奴役”，Selbstversklavung）排除在伤害原则之外。

穆勒消极地拟定了自由之限制的伤害原则，该原则为个体发展创造了最大的自由空间，而个体发展虽然源自个人，但有（或可能有）直接或间接的社会效用。和洪堡一样，对穆勒而言，个体的针对性发展不是单纯认知层面的事务。通过最大的自由实现个体的发展，其目标是个体的普遍自我完善，穆勒认为这也包括自我的伦理塑造（“自我控制”，Selbstbeherrschung）。

在穆勒看来，不受社会及国家控制、干涉的个体自由的主要形式之一是思想自由，包括公开表达思想的自由，特别是新闻出版自由。在这里，他也是以功利主义视角来论证知识获取的，对一种社会意见或立场进行公开讨论和检验可以让人获取知识。此外，穆勒明确提到了个体相对于社会的自由空间，即个人生活方式的自由——这应该同时适用于品味问题和宗教问题方面，以及一般而言按自己的想法生活和行动的自由。

在进一步应用关于自由个体的哲学的过程中，穆勒后来还对政治哲学做出了重要贡献。在自由和平等的名义下，他和妻子哈瑞特·泰勒·穆勒一起重新定义了性别关系。在这里，男女之间传统的社会关系因其不自由特征而被摒弃，并被两性在其社会地位中完全平等的要求所取代。在关于自由社会之一般政治制度的问题中，穆勒主张一种精英主义—个体主义的方案，意欲按照教育水平和社会地位来区分政治代表，并拟让杰出的、智力超群的而且拥有非凡精神的个体以智慧来领导广大民众。

第十三章

高人哲学：弗里德里希·尼采

> 人是应该被超越的某种东西。你们为了超越他做过什么呢？迄今为止，所有本质都创造过超越自身的东西：难道你们要做大潮的退潮，情愿回归动物，而不想超越人吗？
>
> ——尼采《查拉图斯特拉如是说》

弗里德里希·尼采（1844—1900）生于一个新教牧师之家。他在波恩（1864—1865）和莱比锡（1865—1868）学习古典语文学，并逐渐转向哲学——主要是受叔本华的影响。后来尼采结识了理查德·瓦格纳，并接触到他的作品，对自己此后的生活和工作产生了影响，但尼采最终还是与瓦格纳分道扬镳了（1868—1878）。尼采24岁时获得了巴塞尔大学古典语文学的教授职位（1869—1879）。在巴塞尔期间，他首先撰写了论述古典语文学和哲学的著作［《悲剧从音乐精神中诞生》（*Die Geburt der Tragödie aus dem Geiste der Musik*）[①]，1872；《希腊悲剧时代的哲学》（*Die Philosophie im tragischen Zeitalter der Griechen*），1873］及针砭时弊之作［《不合时宜的考察》（*Unzeitgemäße Betrachtungen*），1873—1878］，随后是第一部箴言集［《人性的，太人性的》（*Menschliches, Allzumenschliches*），1878］。

在巴塞尔大学任教十年后，尼采因健康问题离职。接下来的十年里，他主要在瑞士、意大利北部和法国南部度过（1879—1889）。在此期间，写出了他的诗意哲学代表作《查拉图斯特拉如是说》（*Also sprach Zarathustra*，1883—1885）以及一系列批评道德和宗教价值观的作品，其中主要是体量庞大的箴言集，如《朝霞：道德偏见之反思》（*Morgenröte. Gedanken über die moralischen Vorurteile*，1881）、《快乐的知识》（*Die fröhliche Wissenschaft*，1882）、《善恶的彼岸：未来哲学的

① 即《悲剧的诞生》。——译注

序曲》(*Jenseits von Gut und Böse. Vorspiel einer Philosophie der Zukunft*，1886)、《论道德的谱系》(*Zur Genealogie der Moral*, 1887)以及两部尖锐的晚期作品《敌基督者》(*Der Antichrist*，1888 年完成，1894 年出版）和《瞧，这个人：人如何成其所是》(*Ecce homo. Wie man wird, was man ist*，1888/1889 年完成，死后于 1908 年出版)。尼采在都灵大街上精神崩溃后，在家人的照顾下度过了生命中精神错乱的最后时光（1889—1990)。

在哲学领域，漫长的 19 世纪始于康德的革命性作品，在其继承者（费希特、谢林、黑格尔）的系统性成就中得到了不朽的延续，而这又招致了批判性的反应(叔本华、克尔凯郭尔）和系统性的替代路径（费尔巴哈、马克思)。在这个过程中，哲学讨论越来越从专业层面和大学定位转向时事层面和社会视角。对当下社会的批判性—建构性面向，随着德国哲学传统以外的主要关注社会哲学的思想家（托克维尔、梭罗、孔德和穆勒）的出现而完全凸显。19 世纪哲学在其英雄式的开始阶段和革命性的中期阶段后，在最后三分之一的时间里变得越来越具学术性和专业性，哪怕是在讨论至今仍具有影响力的早期人物的情况时（新康德主义、新黑格尔主义)。

回过头来看，实际上只有尼采还能从 19 世纪晚期“哲学教授的教授哲学”（叔本华）中异军突起，这种日益职业化和急速专业化的哲学研究形式随后普遍地影响了哲学的进一步发展。但不同于从康德到孔德之间的前辈都是在觉醒和变革的时代生活和思考，尼采的哲学研究源自一个社会固化定型的时代，这个时代以市民文化、政治民族主义和经济帝国主义为特征。因此，就现代生活形式存在另一种潜能，让现有的批评者和反对者变成革命者和改革者，尼采对此缺乏信任和信心。尼采说的跟未来的关系不是实际的，而是预言性的。

19 世纪晚期，尼采在其同时代人中几乎是踽踽独行的，他早就在上一代人中寻找盟友和亲属：先是青年黑格尔派的大卫 · 弗里德里希 · 施特劳斯（1808—1874），然后是叔本华，最后是理查德 · 瓦格纳。但对尼采影响较大的是向古代更深远的回溯，尤其是上古时代晚期及古典时代早期的希腊。针对当下的平凡和庸常，尼采唤起了一个以悲剧诗人和思想家为特征的古典时代。在明亮闪耀的、“阿波罗神般的”假象之下，反叛的古典语文学家尼采在埃斯库罗斯、索福克勒斯的悲剧及赫拉克利特的悲剧性思想中发现了古希腊文化黑暗的、“狄俄尼索斯式”的基础，其中既包括毁灭与沉没，又包括理性与秩序。

但是，尼采退回古希腊及其文化并不意味着逃避自己的时代。相反，他是以历史为媒介来照鉴现代性。除了对希腊文化悲剧的伟大心存憧憬，尼采的古代图景从一开始就纳入了对古代到平庸的现代性一脉相承的相似性洞察。在向苏格拉底哲学和欧里庇得斯悲剧的过渡中，尼采看到了他在自己时代观察到的同样的衰落现象（“颓废”，décadence）：斤斤计较的理性获得胜利，受到认可的等级制度瓦解，乐观地对进步持有信心。不过，尼采认为希腊古代从悲剧的伟大衰退到了喜剧的文化混乱，与这一情况不同的是，按照尼采的标准，现代尚有待于历史性伟大的到来。

但是，尼采没有直接在古代的启示下发展现代性的未来，而是根据其面向古希腊的开端，选择了一条经过欧洲历史尤其是经过基督教欧洲的道路。最初，尼采的思想受到了激进启蒙运动的影响，后者揭露了一切样式的偏见、迷信和特权。然而尼采的思想很快就集中到现代欧洲文化与道德整体中的神学—宗教根源。他主要关注的始终是新旧欧洲通过传统规范结构（“价值”，Werte）对智识的、道德的实践的深刻塑造。

尼采既没有简单描述性地把握现代性的价值秩序，

也没有肯定地接受它。相反，尼采与欧洲价值体系保持一个批判性的距离，对他来说，欧洲价值体系构成了启蒙式分析和概念性批判的对象。尼采的批判—分析视角把目光特别引向了看似稳固的价值观的历史性起源，这些价值观被证明是价值设定之诸行为的结果。价值评估的实践于是被追溯到原初意图和部分利益。因此尼采将道德批判及宗教批判当作批判性的起源史（“谱系学”）来进行。语文学常常是他的一门辅助学科，因为以词汇和短语为某种表达的早期语义和曾有功能提供了语源及语言史上的依据。

尼采大型谱系学项目的一个组成部分是意义的变迁，一切样式的价值评估特别是道德价值在时间流逝中都可能随着这种意义变迁而发生变化。对尼采而言，价值不是静态的规范，而是变化着的历史性秩序体系。尼采特别关注彻底的价值变化，其形态即某种价值向其完全的对立面发生转变（“重估”，Umwertung）。对尼采而言，价值评估及价值的转换也不是偶然的、随意的，而是由历史的进程带来的，因而总是有理由地并且始终出于某种必然性而发生。

对尼采而言，这就导致了道德价值谱系的一个多阶段的任务。首先，要阐明道德价值的起源。然后，要追踪道德价值重估的诸形式。此外，要确定有待观察的价值变化的原因及条件。尼采始终旨在说明，价值的意义和使用的变迁反映了其功能的变迁。但尼采的道德价值谱系主要是对价值进行批判性评断（“价值的价值”，Wert der Werte）。价值自身的评定反过来又服务于尼采的最终目标，即根据批判性评价来修正已被评价的价值体系，或更确切地说，对其进行彻底变革（“重估一切价值”，Umwertung aller Werte）。

尼采价值批判性道德谱系的典型例子是道德评价的第一谓词“善”的意义及其使用历史。在尼采基于语文学的视角中，这个词以及该词在其他印欧语系语言中的相应词汇，均是社会统治阶级对积极品质的自我归属，这个阶级首先是在军事上然后也在政治上超越其他民众，进而占据了一个权力地位。所以，这个词有益于强者和占优者同弱者和劣势者进行自我区分，后者被“善者”的一方在“简单朴素”（schlicht）的原始意义上贴上了“坏”（schlecht）的贬义标签。[①]对尼采而言，“善”与“恶”的区分建构了一种原初的道德类型，他认为可以在不同的古老文化中找到这种道德类型。

① 德语中schlecht曾与schlicht通用，意为“简单朴素”。——译注

然而，根据尼采的评断，强者的道德并不是永久持续的。劣势者和无权者虽然通常无法直接反抗统治者和压迫者，但尼采认为，他们创造了方法和道路以颠覆价值状态（“道德中的奴隶起义”，Sklavenaufstand in der Moral），并通过建立另一个道德体系（“奴隶道德”，Sklavenmoral）及其政治意涵来进行想象中的报复（“怨恨”，Ressentiment）。在重估原始道德价值时，旧道德自我归属的“善”中演化出新道德归属陌生者的“恶”。同时，旧道德归属陌生者的“恶”中演化出新道德自我归属的“善”。

尼采对价值重估的重建过程不单单是一种颠倒，就好像把以前被分配不同的价值（“善”“恶”）现在颠倒过来分配一样。相反，重估包括一种新评估，它完全独立于诸人群中的分配，改变了价值概念本身的意义。为说明抽象的基于统治关系的原始道德体系的独特性，尼采用了“习俗的道德性”（Sittlichkeit der Sitte）这一短语来描述道德性的古老阶段，它不是由普遍的规则或形式的法则而是由习俗和惯例来支持的，并因此根本区别于现代意义上的道德性。

就对传统价值体系尤其是古老的和现代的道德体系的谱系学考察，尼采进一步的重要工作领域包括关于罪责（Schuld）和良心（Gewissen）以及社会权力的政治—神学依据（“教士统治”,Priesterherrschaft）的道德现象。为第一种道德类型向第二种道德类型转变，尼采使伦理关系实现一种独特的内在化（“向内受到推动”，nach innen geschoben），通过这种内在化，一个道德感觉和判断的内在领域总体上才得以形成。此外,对尼采而言，怨恨的道德受到了自我否定和世界否定的实践的影响，这些实践根据早先的道德抛弃并谴责生活。

就最终关乎另一种价值体系的比较价值之物而言，尼采断言了怨恨的道德中一种活力的衰退、一种沉沦的文化和一种生命否定的态度，怨恨的道德对他而言也是他所在时代的特征（“虚无主义”，Nihilismus）。他专门为现代文化堕落的生活形式，特别是其虚无主义道德创造了一种诗意的表达——“末人”（letzte Mensch）。然而，尼采哲学还设定旧的末人被克服而另一种新人将出现，尼采为之借鉴了激进启蒙式的关于占优势的人的构想（“高人”，homme supérieur；“自由思想家”，esprit fort），并使用了“超人”（Übermenschen）这一表达。

尼采所设定的高人类型应该通过一种价值秩序退回到现代性中生命的沉沦，这种价值秩序基于对所有现存价值的重估。但是，尼采对新人及其价值世界的说明仍然是含糊的。它们似乎也指向未来的特殊个体——将作为先知和榜样为人类服务，而不是指向一种最有待创造的因而伪饰的人的类型。许多迹象表明，尼采所考虑的与其说完全是另一种人类，不如说是建设性地借鉴教养和精神的早期形式而寻求进一步发展，这些形式应该服务于现代人的个体的自我完善。

尼采将一切生命以及源于生命的可变价值设定置于权力的提升和执行（“权力意志”，Wille zur Macht）之下，由此提出超越变化着的价值秩序的生命统一性和不变性，进而提出人类的连续性。按照尼采的评判，获取权力和使用权力的普遍冲动本身仍然存在，正如在现代虚无主义中，生命在此似乎被否定了。在这一将生命视作追求优势的全面视角中，否定世界的伦理或宗教只是一种特别精巧的（或者反常的）权力获取形式。但反过来，尼采也可以指望强大的灵魂或新人拥有悲剧的洞察力，看到得到提升的意志始终只能导致更多的权力（“爱你的命运”，amor fati）。在虚构的永恒视角下，没有什么真的改变了，一切在意志无尽的权力游戏中最终仍保持相同（“相同者的永恒轮回”，ewige Wiederkehr des Gleichen）。

历史回顾

从康德到尼采这一漫长的时间跨度内，19 世纪的哲学思考经历了广泛而丰富的发展，但在主题和方案方面却惊人地集中。在各种形式的思想努力中，重点始终都是作为知识和行动、思考和行为的主体的现代人，他处在自由的活力之中，处在平等的前提之下，也处在社会性的要求之下。

在最初对理性和精神及其与自然、意志和自由之关系的关注之后，19 世纪哲学的推论主要集中于现代人的社会生存，以探寻生存的条件、可能性和界限。于是其核心就是作为个体的现代人，但个体在同类中生活，也在其中凸显出来，正如其同类因他而凸显出来一样。

因此，现代人的呈现方式是个体的和集体的、平等的和不平等的、自由的和受束缚的、单独的和共同的。

19 世纪的思想家始终在现代人生存的对立倾向之间寻求平衡。在这一方面，对平衡的现代人生存形式的期望得到了不同甚至对立的评价，是将其视为通向更好状态的个人的变化之目标，还是视为社会的、政治的抑或宗教的变化之目标？为现代生活的成功而要求的资源也各不相同——从个人转变到社会运动再到政治革命。最后，19 世纪主要哲学家在评价现代性中成功的生存机会和潜能时，也彼此存在着分歧——从对其怀有信心和信任，到为其投入行动和展开工作，再到产生怀疑并进行反抗因而受到困扰。但 19 世纪的思想家们总是关注人，尤其是关注作为个体的人在同类中的成功生存。

回过头来看，并不能根据这个或那个哲学家的关切和要求，在他身上总结或反映出 19 世纪的哲学。也没有一个或另一个哲学立场成为一种刺激或挑战，进而从 19 世纪脱颖而出。相反，当问到 19 世纪哲学的贡献和成就时，人们看到的是一幅积累汇集而成的巅峰成就全景。总体看来，相较而言，哲学家及其作品代表了为某一具体的现代人文主义或超人文主义而斗争的形象，对此种现代人文主义或超人文主义而言，重点在于人，即他的完善了的形式，尽管其本质或规定性无法得到彼此一致的阐明。

但回首观望，也可以说，哲学界人士凭纯粹思考的手段就全面提出关于人生存的重大问题，并给出一整套宏大的答案，19 世纪或许是最后一个这样的时代。与此相比，之后的哲学研究看起来就像是东一榔头西一棒槌。在此期间，哲学是由分工和科研决定的。即使现代哲学没有结束于从康德到尼采的思想，却也随之达到了不朽的终点——回想起来似乎确实如此。

年　表

1724　康德出生

1762　费希特出生

1770　黑格尔出生

1775　谢林出生

1781　康德《纯粹理性批判》[第二版（修订版），1787]

1785　康德《道德形而上学的奠基》

1788　叔本华出生；康德《实践理性批判》

1794/1795　费希特《全部知识学的基础》

1797　谢林《自然哲学的观念》；康德《道德形而上学》

1798　孔德出生

1800　费希特《人的使命》

1804　康德逝世；费尔巴哈出生

1805　托克维尔出生

1806　穆勒出生

1807　黑格尔《精神现象学》

1809　谢林《对人类自由本质的哲学研究》

1813　克尔凯郭尔出生

1814　费希特逝世

1817　梭罗出生

1818　马克思出生；叔本华《作为意志和表象的世界》［第二版（增订版），1844］

1820　黑格尔《法哲学原理》

1831　黑格尔逝世

1835　托克维尔《论美国的民主》［第二版（增订版），1840］

1841　费尔巴哈《基督教的本质》

1843　费尔巴哈《未来哲学原理》；克尔凯郭尔《非此即彼》

1844　尼采出生；孔德《论实证精神》；克尔凯郭尔《恐惧的概念》

1848　马克思和恩格斯《共产党宣言》

1849　梭罗《抵制公民统治》（1866 年以《论公民的不服从》为题）

1851—1854　孔德《实证政治体系》

1851　叔本华《附录和补遗》之《人生智慧的箴言》

1854　谢林逝世；梭罗《瓦尔登湖》

1855　克尔凯郭尔逝世

1856　托克维尔《旧制度和大革命》

1857　孔德逝世

1859　托克维尔逝世；穆勒《论自由》

1860　叔本华逝世

1862　梭罗逝世

1867　马克思《资本论》第一卷（第二卷 1885 年，第三卷 1894 年，恩格斯整理）

1869　穆勒、哈瑞特·泰勒·穆勒《妇女的屈从地位》

1872　费尔巴哈逝世；尼采《悲剧的诞生》

1873　穆勒逝世

1883　马克思逝世

1887　尼采《论道德的谱系》

1900　尼采逝世

参考文献

部分一手文本（学习版）

Immanuel Kant, *Kritik der reinen Vernunft*, Hamburg 1998.

Johann Gottlieb Fichte, *Die Bestimmung des Menschen*, Stuttgart 1997.

Friedrich Wilhelm Joseph Schelling, *Über das Wesen der menschlichen Freiheit*, Stuttgart 1986.

Georg Wilhelm Friedrich Hegel, *Grundlinien der Philosophie des Rechts*, Hamburg 2017.

Arthur Schopenhauer, *Preisschrift über die Freiheit des Willens*, Hamburg 2014.

Søren Kierkegaard, *Entweder – Oder*, München 2005.

Ludwig Feuerbach, *Das Wesen des Christentums*, Stuttgart 1984.

Alexis de Tocqueville, *Über die Demokratie in Amerika*, München 1976.

Henry David Thoreau, *Über die Pflicht zum Ungehorsam gegen den Staat und andere Essays*, Zürich 2010.

Karl Marx, *Die Frühschriften*, Stuttgart 2004.

Auguste Comte, *Rede über den Geist des Positivismus*, Hamburg 2015.

John Stuart Mill, *Über die Freiheit*, Stuttgart 1986.

Friedrich Nietzsche, *Zur Genealogie der Moral*, Stuttgart 1988.

二手文献

一般著述

Heinrich Heine, *Zur Geschichte der Religion und Philosophie in Deutschland*, Stuttgart 1997.

Richard Kroner, *Von Kant bis Hegel*, 2 Bde., Tübingen 2006.

Karl Löwith, *Von Hegel zu Nietzsche. Der revolutionäre Bruch im Denken des neunzehnten Jahrhunderts*, Stuttgart 1988.

Herbert Schnädelbach, *Philosophie in Deutschland 1831– 1933*, Frankfurt a. M. 1983.

Walter Jaeschke/Andreas Arndt, *Die Klassische Deutsche Philosophie nach Kant. Systeme der reinen Vernunft und ihre Kritik. 1785– 1845*, München 2012.

专人著述

Otfried Höffe, *Immanuel Kant*, München 2007.

Günter Zöller, *Fichte lesen*, Stuttgart-Bad Cannstatt 2013.

Wilhelm G. Jacobs, *Schelling lesen*, Stuttgart-Bad Cannstatt 2004.

Hans Friedrich Fulda, *G. W. F. Hegel*, München 2003.

Margot Fleischer, *Schopenhauer*, Freiburg i. Br. 2001.

Annemarie Pieper, *Søren Kierkegaard*, München 2000.

Alfred Schmidt, *Emanzipatorische Sinnlichkeit. Ludwig Feuerbachs anthropologischer Materialismus*, München 1973.

Louis Althusser, *Für Marx*, Berlin 2011.

Harvey C. Mansfield, *Tocqueville. A Very Short Introduction*, Oxford 2010.

Frank Schäfer, *Henry David Thoreau – Waldgänger und Rebell. Eine Biographie*, Berlin 2017.

Wolf Lepenies, *Auguste Comte. Die Macht der Zeichen*, München 2010.

Peter Rinderle, *John Stuart Mill*, München 2000.

Volker Gerhard, *Friedrich Nietzsche*, München 2006.

译名对照表

Aischylos 埃斯库罗斯

Aristoteles 亚里士多德

Bakunin, Michail Alexandrowitsch 米哈伊尔・亚历山大罗维奇・巴枯宁

Bauer, Bruno 布鲁诺・鲍威尔

Beaumont, Gustave de 古斯塔夫・德・博蒙

Bentham, Jeremy 杰里米・边沁

Byron, George Gordon 乔治・戈登・拜伦

Comte, Auguste 奥古斯特・孔德

Darwin, Charles 查尔斯・达尔文

Descartes, René 勒内・笛卡尔

Dostojewski, Fjodor Michailowitsch 费奥多尔・米哈伊洛

维奇·陀思妥耶夫斯基

Emerson, Ralph Waldo 拉尔夫·沃尔多·爱默生

Engels, Friedrich 弗里德里希·恩格斯

Euripides 欧里庇得斯

Ferguson, Adam 亚当·弗格森

Feuerbach, Ludwig 路德维希·费尔巴哈

Fichte, Johann Gottlieb 约翰·戈特利布·费希特

Gandhi, Mahatma 圣雄甘地

Goethe, Johann Wolfgang von 约翰·沃尔夫冈·冯·歌德

Hardenberg, Friedrich von (Novalis) 弗里德里希·冯·哈登贝格（诺瓦利斯）

Hegel, Georg Wilhelm Friedrich 格奥尔格·威廉·弗里德里希·黑格尔

Heine, Heinrich 海因里希·海涅

Heraklit 赫拉克利特

Herder, Johann Gottfried 约翰·戈特弗里德·冯·赫尔德

Hölderlin, Friedrich 弗里德里希·荷尔德林

Humboldt, Alexander von 亚历山大·冯·洪堡

Humboldt, Wilhelm von 威廉·冯·洪堡

Hume, David 大卫·休谟

Jacobi, Friedrich Heinrich 弗里德里希·海因里希·雅各比

Kant, Immanuel 伊曼努尔 · 康德

Kierkegaard, Søren 索伦 · 克尔凯郭尔

King Jr., Martin Luther 小马丁 · 路德 · 金

Leibniz, Gottfried Wilhelm 戈特弗里德 · 威廉 · 莱布尼茨

Leopardi, Giacomo 贾科莫 · 莱奥帕尔迪

Locke, John 约翰 · 洛克

Löwith, Karl 卡尔 · 洛维特

Marc Aurel 马可 · 奥勒留

Marx, Karl 卡尔 · 马克思

Mill, Harriet Taylor 哈瑞特 · 泰勒 · 穆勒

Mill, John Stuart 约翰 · 斯图尔特 · 穆勒

Millar, John 约翰 · 米勒

Montesquieu, Charles-Louis de Secondat Baron de 夏尔 – 路易 · 德 · 瑟贡达 · 孟德斯鸠男爵

Nietzsche, Friedrich 弗里德里希 · 尼采

Platon 柏拉图

Saint-Simon, Henri de 昂利 · 圣西门

Schelling, Friedrich Wilhelm Joseph 弗里德里希 · 威廉 · 约瑟夫 · 谢林

Schlegel, Friedrich 弗里德里希 · 施莱格尔

Schopenhauer, Arthur 阿图尔 · 叔本华

Shakespeare, William 威廉・莎士比亚

Smith, Adam 亚当・斯密

Sokrates 苏格拉底

Sophokles 索福克勒斯

Spinoza, Baruch 巴鲁赫・斯宾诺莎

Stirner, Max 马克斯・施蒂纳

Strauß, David Friedrich 大卫・弗里德里希・施特劳斯

Thoreau, Henry David 亨利・戴维・梭罗

Tocqueville, Alexis de 阿历克西・德・托克维尔

Turgot, Anne Robert Jacques 安・罗伯特・雅克・杜尔哥

Wagner, Richard 理查德・瓦格纳

图书在版编目（CIP）数据

十九世纪哲学：从康德到尼采 /（德）君特·策勒著；周烨楠译．—上海：上海三联书店，2024.3
（日耳曼通识译丛）
ISBN 978-7-5426-8332-8

Ⅰ．①十… Ⅱ．①君…②周… Ⅲ．①西方哲学－哲学史－研究－19世纪 Ⅳ．①B5

中国国家版本馆CIP数据核字（2023）第245014号

十九世纪哲学：从康德到尼采

著　　者 /〔德〕君特·策勒
译　　者 / 周烨楠
责任编辑 / 王　建
特约编辑 / 张士超
装帧设计 / 鹏飞艺术
监　　制 / 姚　军
出版发行 / 上海三联书店
（200030）中国上海市漕溪北路331号A座6楼
邮购电话 / 021-22895540
印　　刷 / 三河市中晟雅豪印务有限公司
版　　次 / 2024年3月第1版
印　　次 / 2024年3月第1次印刷
开　　本 / 787×1092　1/32
字　　数 / 64千字
印　　张 / 5.5

ISBN 978-7-5426-8332-8 / B·876

定　价：24.80元

著作权合同登记号　图字：10-2022-391 号